Johann Georg Kohl

Der Ratsweinkeller zu Bremen

Kohl, Johann Georg

Der Ratsweinkeller zu Bremen

ISBN: 978-3-86741-615-3

Auflage: 1
Erscheinungsjahr: 2011
Erscheinungsort: Bremen, Deutschland

Bei diesem Titel handelt es sich um den Nachdruck eines historischen, lange vergriffenen Buches aus dem Verlag von J. Kühtmanns Buchhandlung, Bremen (1866). Da elektronische Druckvorlagen für diese Titel nicht existieren, musste auf alte Vorlagen zurückgegriffen werden. Hieraus zwangsläufig resultierende Qualitätsverluste bitten wir zu entschuldigen.

Johann Georg Kohl

Der Ratsweinkeller zu Bremen

Der

Raths-Weinkeller

zu

Bremen

von

J. G. Kohl.

Bremen.

Verlag von J. Kühtmann's Buchhandlung.

1866.

Dem Herrn

Dr. Arnold Duckwitz,

Bürgermeister von Bremen,

widmet diese Arbeit

als ein geringes Zeichen aufrichtigster Verehrung
und innigster Ergebenheit

der

Verfasser.

Vorrede.

Bei der Zusammenstellung und Ausarbeitung der hier vorgelegten Skizzen, in denen ich es versucht habe, die cultur=historische Bedeutung und Geschichte eines der berühmtesten deutschen städtischen Weinkeller=Institute zu entwickeln, haben mich viele treffliche Männer mit ihrem gütigen Rathe und Beistande unterstützt.

Mit großer Liberalität haben mir diejenigen Herren, unter deren Leitung das Bremer Staats=Archiv steht, dieses zu benutzen gestattet. Meine verehrten Landsleute der Re=gierungs=Secretär Dr. D. R. Ehmck, Herr Dr. H. A. Schu=macher Verfasser der Geschichte der Stedinger, und andere in die Geschichte und politischen Angelegenheiten meiner Vaterstadt Bremen Eingeweihte haben mir mehrfach das Ver=ständniß der Quellen eröffnet und erleichtert. Mehre andere meiner werthen Landsleute haben mir aus ihren Familien=Chroniken Mittheilungen gemacht, die für meinen Gegenstand interessant waren.

Auch außerhalb Bremens haben viele mit der Geschichte ihrer Heimaths=Orte vertraute Herren es mir gestattet, Fragen an sie zu richten, und haben mir dieselben mit freundlichster Bereitwilligkeit beantwortet. Unter ihnen muß ich namentlich den Herrn Dr. K. Seifart in Göttingen, den Herrn Dr. Pacht, Archivar in Hildesheim, und den Herrn Dr. Kräz, Verfasser einer umfassenden und erschöpfenden Geschichte des Doms und der Stadt Hildesheim, welche mir viel schätzbare

Mittheilungen über den Weinhandel und Rathskeller von Hildesheim machten, nennen; Herr L. Strakerjahn in Oldenburg hatte die Güte, mir mehre werthvolle Notizen über die Rathskeller zu Jever und Oldenburg zukommen zu lassen. Für Braunschweig versah mich der Herr Dr. Carl Schiller und der Herr Archivar Dr. L. Hänselmann reichlich mit willkommener Auskunft. Und für Hamburg und Lübeck durfte ich mich an die Herren Doctoren und Archivare J. M. Lappenberg und C. F. Wehrmann, die ausgezeichneten und berühmten Forscher und Kenner der Geschichte ihrer Städte wenden, und erhielt durch ihre Güte viel gewünschte Belehrung.

Indem ich allen diesen verehrten Herren und Freunden für ihre vielfache gütige und freundschaftliche Theilnahme an meinen Bestrebungen auch hier wärmsten Dank und Anerkennung darbringe, spreche ich zugleich den Wunsch aus, daß es mir gelungen sein möchte, mich durch die hier mitgetheilte Arbeit einer solchen Theilnahme und Mühverwaltung einigermaßen würdig gemacht zu haben. Alle Leser und Kritiker dieses Buchs möchte ich ersuchen, mich gütigst mit möglichst vielen Berichtigungen und ferneren Beiträgen zu versehen, damit ich in Stand gesetzt werde, seinen Inhalt vielleicht später noch ein Mal wieder in verbesserter Gestalt und mit größerer Vollständigkeit vorzulegen.

Bremen, im September 1863.

Der Verfasser.

Inhalt.

I. Frühester Weinhandel und die ersten Weinkeller in Norddeutschland.

Ueber die früheste Einführung des Weins ins nördliche Deutschland. — Karl der Große. — Die Geistlichen sind die ersten Weinpflanzer. — Die „Cellae vinariae." der Dom-Capitel. — Die Doms-Schenken. — Begründung der Stadt- oder Rathskeller in Norddeutschland.

Es ist wohl möglich, daß schon die Offiziere der Römer bei ihren Einfällen und Märschen in Norddeutschland zuweilen ein Fläschchen Rebensaft mit sich führten, und dann und wann auch unseren alten chaukischen und cheruskischen Vorältern davon zu kosten gaben. Auch sollte ich denken, daß unser Arminius und andere norddeutsche Fürsten jener Zeit bei ihrer Anwesenheit in Rom den edlen Wein schätzen lernten, und dann bei ihrer Rückkehr ins Vaterland wohl trachteten, sich ein Fäßchen davon in ihren heimischen Wäldern, aus Italien oder Gallien her, zu verschaffen.

Tacitus selbst deutet an, daß die römischen Kaufleute schon im ersten Jahrhunderte der christlichen Zeitrechnung vom Rheine und der Donau aus mit italiänischen und gallischen Weinen nach Deutschland

1

hineingehandelt hätten.*) Es mag ein ähnlicher Handel
gewesen sein, wie der der Engländer mit dem „Feuer-
waffer" unter den Indianern Nordamericas.

Wenn es auch, wie Manche wohl geglaubt
haben, nicht ganz ausgemacht ist, daß bereits Kaiser
Probus im dritten Jahrhunderte Weinberge am Rheine
anlegte, so ist es doch gewiß, daß dergleichen wenigstens schon im vierten Jahrhunderte auf deutschem
Boden existirten. Denn um diese Zeit besang der
römische Dichter Ausonius die Weinberge und die
Weine der Mosel*), die auch im sechsten Jahrhundert
wieder ein anderer römischer Autor Venantius For-
tunatus gepriesen haben soll.

Von der Mosel mögen mithin schon damals
dann und wann Weine ins Innere von Deutschland
verschleppt sein, und man könnte die Moselweine
vielleicht als die ältesten in Norddeutschland getrunkenen
Weine bezeichnen. Wären die Deutschen nicht schon
vor der Völkerwanderung ziemlich allgemein mit der
köstlichen und vielbegehrten Bachusgabe bekannt gewesen, so hätten die Historiker, wie doch so viele
thun, nicht behaupten dürfen, daß die Sehnsucht und
Begierde der nördlichen Völker nach dem Wein und
nach den Weingegenden als Motive zu ihren Wande-
rungen nach Süden und Westen eine so große Rolle
gespielt hätten.

---

*) Tacitus. De Moribus Germ. c. 23. „Proxmi ripae
et vinum mercantur".

**) In seinem Gedichte „Mosella."

Der von den Römern am Westrande des nördlichen Deutschland begonnene Weinbau und Weinhandel
wurde indeß durch die Völkerwanderung selber unter-
brochen und zerstört und es fing ein neuer Weinbau
und Weinhandel erst mit der Zeit Carls des Großen
an, der die Weinberge an der Mosel wieder her-
stellen, und dann auch die Wälder am Rhein
lichten ließ und den Weinbau im Rheingau gedeihlich
begründete. Die Züge und Märsche Karl's des Großen
vom Rhein zu den Weser= und Elbgegenden, brachten
von dorther wie Cultur und Christenthum, so auch
die Weine wieder mit.

Die von jenem Eroberer in den sächsischen Städten
eingesetzten Bischöfe und Domherren und deren Nachfolger hatten den Wein für ihre Kirchen nöthig, und
da sie zum Theil aus dem Süden kamen, mochten sie
auch selbst längst an den Genuß des Weins gewöhnt
sein. Vor allen Dingen brachten sie die ihnen lieb
gewordene Rebe aus dem Süden mit und suchten sie
im Norden einheimisch zu machen. Die christlichen
Geistlichen und Mönche legten neben ihren Kirchen
und Klöstern kleine Rebenpflanzungen an, die ihnen
wenigstens den nöthigen Altarwein lieferten. Solche
Weinberge entstanden im Laufe der auf Karl d. Gr.
folgenden Jahrhunderte fast in allen Theilen des nördlichen Deutschlands bis nach Holstein, Mecklenburg,
ja bis nach Danzig und Pommern hinauf. Hie und
da wurden daraus nicht unbedeutende Weinberge und
Weinbergsstriche, in denen man „Landwein" für den
Gebrauch der Bevölkerung und für den Handel er-

1 *

zeugte. Auch halb England war im elften und zwölften Jahrhundert ein sehr ergiebiges Weinland geworden, „das eine Fülle der vortrefflichsten Weine" erzeugte*.) Unter den norddeutschen Weinen waren noch im dreizehnten und vierzehnten Jahrhundert der „Gobbin Wein" (aus Guben in der Lausitz), der „Krazenberger" (bei Cassel), der „Rathenower" und „Koßberger Wein" und viele andere bekannt. Auch bei Bremen spricht man von solchen alten von den Geistlichen gemachten Rebenpflanzungen. Innerhalb der Gehöfte der Domgebäude soll Wein gepflanzt worden sein für den Altargebrauch, und dann soll es einen „Weinberg" im Garten des reichen und großen St. Pauliklosters bei dieser Stadt gegeben haben. Nach Adam von Bremen legte in der Mitte des zwölften Jahrhunderts der berühmte Erzbischof Adalbert „Weingärten bei Bremen" an. Die Lokalität derselben wird nicht genauer bestimmt.**)

Wie mit den christlichen Missionären die Cultur des Weinstocks sich ausbreitete, so ist vermuthlich auch bei ihnen aller **Anfang des Weinhandels** und der **Weinkellerwirthschaft** zu suchen. Die ersten Weinkeller oder „Weinkammern" (Cellae vinariae)

---

*) Henderson. History of Ancient and Modern Wines. London 1824. S. 270 fgg. Ueber die Landweine bei Danzig. S. Hirzel, Danzigs Handels- und Gewerbegeschichte S. 262. Ueber mecklenburger Weinberge. Lisch, Geschichte der Stadt Plau in den mecklenburgischen Jahrbüchern. Jahrgang 17. S. 143. Ueber norddeutsche Landweine in Lübeck. Dr. Wehrmann: Der Lübeckische Rathsweinkeller in der Zeitschrift des Vereines für Lübeckische Geschichte. Band II. Heft I. S. 86.

**) S. Adam. Brem. III. 36.

legten in unfern norddeutschen Städten, wie es scheint,
die Domherren an, die unter ihren Würdenträgern
auch das Amt eines Kellermeisters (Cellerarius) hatten.
In Hildesheim soll bei dem dortigen Dommünster
schon im Jahre 872 eine eigene „Weinkammer" zur
Aufbewahrung des für den kirchlichen Gebrauch noth=
wendigen Weines und seit 954 ein größeres Gemach
für die Niederlage der zu spendenden Tischweine der
Canoniker oder Dombrüder existirt haben*). Etwas
Aehnliches hat, wie in vielen andern Bischofssitzen
auch sicherlich in Bremen stattgefunden, obgleich ich
nicht im Stande bin, dieß authentisch nachzuweisen.
Wie ihre Kirche, ihre Wohnungen, ihre Refektorien,
ihre Weinberge, so hatten die Geistlichen in Bremen
auch ihre Cella vinaria natürlich auf der dortigen
etwas erhabenen Domdüne, in welcher wir daher den
frühesten Spuren von Weinkellergewölben in dieser
Stadt nachsuchen müssen.

    Wir haben ein ziemlich vollständiges Verzeichniß

---

*) Diese Nachricht ist mir durch die Güte des Herrn Dr.
Kräß, des bekannten Forschers ;in Hildesheim, zugekommen. Auf
eine an ihn gerichtete Frage schrieb er mir darüber Folgendes:
„Mit der Gründung des hiesigen Dommünsters ist schon eine Art
von Weinkammer oder Weinkeller (Cella vinaria) entstanden, in
welcher der für den kirchlichen Gebrauch nothwendige Wein
aufbewahrt wurde, also ums Jahr 872. Allein die Anlage eines
besonderen großen Gemachs für die Aufbewahrung der zu spen=
denden Tischweine fällt erst in die Regierungszeit des Bischofs
Othwin, der von 954 bis 984 regierte; denn dieser Oberhirte war
der erste, welche seinen Canonikern am Dom oder den Dom=
brüdern für die sechszehn höchsten Festtage Wein verabreichen ließ."

der «Cellerarii» („Kellermeister" oder Kellerhauptleute)
des Bremer Domcapitels, das bis ins zwölfte Jahrhundert hinauf geht. Der erste darin genannte ist
vom Jahre 1174. Auch der bekannte Bremer Chronist,
Herbard Schene, war ein Kellermeister des Capitels*).
Natürlich mochten die Weinliebhaber unter den alten
Sachsen sich häufig mit der Bitte um Abtretung von
Weinen an die Geistlichen und Domherren wenden.
Und wie die ersten Besitzer von Weinlägern, so mochten
diese daher auch die frühesten Weinhändler und Wein-
verzapfer in unsern Städten werden. Es läßt sich
dieß freilich nicht genau nachweisen. Aber es liegt
in der Natur der Sache, und überdieß wird in den
ältesten Nachrichten über die „Domschenken" in unseren Städten von dem Weinhandel der Geistlichen
als von einer alten Angelegenheit gesprochen**).

Das erste und fast einzige in diesen Domkellern

---

*) S. dieses Verzeichniß bei J. M. Lappenberg. Geschichts-
quellen des Erzstifts und der Stadt zu Bremen. Bremen 1841.
S. 215 fgg.

**) Von den Domherren zu Hildesheim heißt es z. B. in
einem Dokumente vom Jahre 1346, daß sie die Erlaubniß haben
sollten Wein laufen zu lassen, wie sie es zur Zeit Bischofs Otto II.
zu thun gewohnt gewesen wären. (Dat unse Domheren
van hildenseim moghen win lopen laten in der borch to
hildenseim, alse se deden bi biscop otten tiden). Dieser
Bischof Otto regierte von 1319 an. Handelten die Domherren
also schon 1319 und auch noch lange Zeit später mit Wein, so ist
es höchst wahrscheinlich, daß sie dazu in früheren Zeiten, wo sie,
wie gesagt, die einzigen Weinlagerbesitzer waren, noch weit mehr
Veranlassung hatten.

aufbewahrte Getränk war außer etwa dem selbst-
producirten Landweine ohne Zweifel der Rheinwein.
Carl's des Großen Kriegszüge bahnten wie den Missionären so auch den Kaufleuten und ihren Waaren
die Wege vom Rhein her. Zur See stand man noch
mit keinem Weinlande in Verbindung. Ohne dieß
waren die Weinberge am Rhein dem ganzen nordwestlichen Deutschland die nächsten. Der Rheinwein,
der ihnen so zu sagen gleichzeitig mit dem Christenthum gekommen war, blieb daher den Niedersachsen
und ihren Nachbarn das vornehmste und geschätzteste
Getränk. In allen alten Kellern begegnen wir in
den frühesten Zeiten nur ihm, und er blieb auch für
spätere Zeiten der Hauptwein.

Anfänglich wurden diese Gaben vom Rhein d u r c h
r h e i n i s c h e K a u f l e u t e nach dem Norden gebracht.
In den ältesten Nachrichten über die Anfänge des
Weinhandels aller unserer norddeutschen Städte wird
zuerst von den r h e i n i s c h e n W e i n h ä n d l e r n gesprochen, von „Gästen vom Rhein“, welche ihren
Wein von dorther auf die Märkte im Norden führten.
Es ist natürlich, daß wie die Soldaten und Geistlichen Carls des Großen auch die Kaufleute von
dorther a n g r i f f s w e i s e verfuhren. Erst allmählig
fanden dann auch die einheimischen Kaufleute der
Sachsen, als sie zum Handel erwachten, die Wege
rückwärts zum Rhein, und verwandelten alsdann den
alten Passivhandel in einen aktiven. Solche rheinische
Kaufleute kamen nun mit ihren gefüllten Weinfässern
selber herangereist, boten diese in unsern Städten

zunächst den Domkapiteln an, und verkauften davon
auch vermuthlich den sächsischen Edelleuten und anderen wohlhabenden Privatleuten, die bald genug
Geschmack für den Wein gewonnen haben mochten.

Als die Bevölkerung in den Städten und in
ihrer Umgegend wuchs, bildeten sich in ihnen eigene
„Weinmärkte", oder „Weinhöfe" aus, in welchen die
Gäste vom Rheine anfänglich mit Erlaubniß der
Bischöfe und ihrer oder des Königs Voigte die Weine
deponirten und auch an die Bürger feil boten. Solche
„Weinhöfe" finden wir in Lübeck, in Nürnberg, in
Leipzig und in vielen anderen Städten. Vermuthlich
bestand auch einer in Bremen. Die meisten dieser
rheinischen Weinhändler waren aus Cöln, das zur
Zeit seiner Hauptblüthe (im zwölften und dreizehnten
Jahrhunderte) auch einen ausgebreiteten Weinhandel
nach England und durch den ganzen Norden führte.
Sie erlangten natürlich als willkommene Gäste an
den Orten, wohin sie kamen, Einfluß und gewisse
Privilegien. Manche von ihnen, die durch den Wein-
handel wohlhabend geworden waren, wurden auch die
Wohlthäter dieser Orte, und machten daselbst wohl
Stiftungen für Arme und Kranke*)

Obwohl schon seit dem dreizehnten Jahrhunderte
hanseatische Kaufleute selber zum Rhein gereist sein
sollen, um daselbst Wein zu kaufen**), und obwohl

---

*) Ein Beispiel hiervon für Lübeck führt Dr. Wehrmann in
seiner Geschichte des Lübecker Weinkellers an.

**) E. Wehrmann i. c. S. 77.

dieselben also dann den „Gästen vom Rhein"
Concurenz machten, so haben damit doch die Reisen
und Weinzufuhren der letztern noch nicht gleich auf=
gehört. Beides, die althergebrachte Spekulation der
Fremden, und die neu in Schwung gekommene der
Einheimischen, mochten eine Zeitlang parallell gehen,
bis jene ganz überflüssig wurde und aufhörte. In
Bremen finde ich mit Wein herbeiziehende Fremde
vom Rhein, die ihre Weinfässer in der Stadt „auf=
stecken" und den „Wein laufen lassen", noch um die
Mitte des sechszehnten Jahrhunderts erwähnt*) Nach
dieser Zeit nicht mehr.

Die ganze Regulirung dieses alten Weinhandels
und die polizeiliche Aufsicht dabei mochten in solchen
Bischoffsitzen, wie Bremen die erzbischöflichen Voigte in
Händen haben. Erst als allmählig die Städte reicher,
unabhängiger und ihre Magistrate mächtiger wurden,
und als diese Oberaufsicht des Handels und der
Märkte mehr und mehr in die Gewalt der städtischen
Räthe kam, bildeten sich dann auch die Vorrechte dieser
Räthe in Bezug auf den Weinhandel aus, und es
entstanden die privilegirten Stadt= oder Raths=Wein=
keller.

*) In einem im Bremer Staatsarchiv (Ss. 2. 6, W. 1. b. 14)
aufbewahrten Dokumente.

II. Rheinwein-Monopol des Kellers.

Wie alle unsere Städte den Rheinweinhandel zum Monopol ihrer Rathskeller machten. — Erste Spuren dieses Monopols in den Bremer Statuten. — Unterschied des „Rhynschen Wyns" und der sogenannten „korten Wyne". — Strenge Verordnungen des Senats zur Aufrechthaltung dieses Monopols. — Opposition der Weinhändler. — Weinordnungen des Senats aus dem sechszehnten, siebenzehnten und achtzehnten Jahrhunderte. — Beschränkungen des Rheinweinhandels der Privaten im Auslande. — Strenge Aufrechthaltung des Monopols bis zum Anfange des neunzehnten Jahrhunderts. — Bestrafungen der gegen das Monopol Sündigenden.

Als die städtischen Magistrate von den königlichen und bischöflichen Vögten die Marktpolizei ererbten und in Macht und Ansehen wuchsen, da fingen sie überall an, den Handel der Bürger mit allen Waaren, namentlich aber den mit den besonders nothwendigen Lebensmitteln mit Korn, Fischen, Bier, Wein ꝛc. zu beaufsichtigen. Sie betrachteten sich als die natürlichen Vormünder des noch sehr unmündigen Publikums und fühlten sich veranlaßt, bis ins kleinste Detail für das allgemeine Beste zu sorgen. Um Unterschleif und Verfälschung der Waaren zu verhüthen, um das rechte Maaß und Gewicht, und die richtige Bezahlung der

Abgaben überwachen zu können, ordneten sie an, daß
gewisse Waaren nur an besonderen Plätzen oder in
eigens dazu bestimmten Häusern unter der Aufsicht
obrigkeitlicher Personen verkauft werden sollten. So entstanden denn die öffentlichen „Hopfenläger“, die „Korn-
häuser“, „die städtischen Weinkeller“ und andere gemeinsame Waarenläger, in welchen die Privaten ihre
Handelsgegenstände unter obrigkeitlicher Aufsicht in ähnlicher Weise deponiren und verhandeln mußten, wie es
jetzt noch hie und da mit dem Pulver oder dem
Theer oder einigen andern gefährlichen Dingen geschieht.

Beim Weine mochte Aufsicht und Bevormundung
besonders am Platze zu sein scheinen. Denn die Klagen
über Weinverfälschung und Mischung oder über den
sogenannten „Weinschmier“ sind schon so alt, wie der
Weinhandel selbst. Zur Verhüthung desselben traf
man allerlei Verordnungen, verbot z. B., verschiedene Weinsorten in demselben Keller zu lagern.
oder befahl, daß jeder Weinhändler nur mit einer
gewissen Weinsorte handeln dürfe. Man belegte auch
die Mischung und Verfälschung der Weine mit strengen
Strafen, ließ, wo man dergleichen entdeckte, den
verdächtigen Weinfässern den Boden einschlagen und
sie auslaufen und nahm dabei hie und da sogar
die Henkersknechte zu Hülfe. In Nürnberg z. B. wurden
die condemnirten Weinfässer von Rathswegen auf
einen Wagen gepackt und zu der bei der Stadt
fließenden Pegnitz gefahren. Auf dem Wagen war
eine Fahne befestigt mit dem furchtbaren Worte
„Weinschmier“ und vorn auf dem Fasse saß ein

Henkersknecht, der die Pauken schlug. Derselbe richtete auf der Pegnitzbrücke die Fässer durch das besagte Bodeneinschlagen hin und ließ den Wein in den Fluß laufen *).

Die kostbaren aus der Fremde herbeigeführten Weine mochten der Verfälschung am meisten ausgesetzt sein, und die Leute vermischten sie gern mit dem billigen und schlechten an Ort und Stelle selbst gewachsenen „Landweine". Die Stadträthe trennten daher insbesondere den Handel mit dem Landweine von dem mit importirten Weinen, und nahmen diesen am Ende ganz selbst in die Hand, während sie nur jenen den Privaten überließen.

In manchen Städten des mittleren und südlichen Deutschlands bildete sich so ein Raths-Monopol auf alle fremden Weine aus. In Dresden z. B. durfte bloß der Rath mit rheinischen, böhmischen und österreichischen Weinen handeln, während die Privaten sie gar nicht verkaufen und nur zu eigenem Gebrauch halten durften **). In Cassel übte der Rath einen „Weinzwang" auf alle Weine ohne Ausnahme aus, und sämmtliche Schenkwirthe der Stadt mußten ihre Weine jeglicher Gattung aus dem Rathskeller nehmen ***).

---

*) J. F. Roth. Geschichte des Nürnberger Handels. Leipzig 1802. Band IV. S. 242.

**) Lindau, Geschichte der Residenzstadt Dresden. Dresden 1863. Theil I. S. 564.

***) Piderit. Geschichte der Stadt Kassel. 1844. S. 136.

In den meisten norddeutschen Städten gab es anfänglich keinen anderen importirten Wein, als „Rheinwein", und das Raths-Monopol heftete sich daher, wie es scheint, von vornherein ausschließlich an diesen seit uralter Zeit hergebrachten Wein. Als später auch andere fremde Weine herbeigeführt wurden, da wurde auf sie das Monopol dann nicht ausgedehnt, anfänglich vielleicht weil sie nur in kleinen unbedeutenden Quantitäten kamen, später wohl weil der selbst zu Einfluß gelangte Handelsstand sich solche fernere Beschränkungen nicht mehr gefallen lassen wollte. Es blieb daher in jenen Städten und so namentlich auch in Bremen bei dem Raths-Monopol auf Rheinwein. Der Handel mit allen andern fremden Weinen wurde und blieb frei, wie der mit dem „Landweine".

In den meisten Städten bezog sich das Raths-Monopol auch nur auf den Detail-Handel mit Rheinwein innerhalb der Stadt selbst, deren Bürger man behüthen und bevormunden wollte. Mit dem Auslande d. h. der näher und entfernteren Nachbarschaft, für die der Stadrath ja nicht zu sorgen hatte, mochten die Bürger mit so vielem schlechten oder guten Wein handeln, wie sie wollten. Auch galt dabei der Grundsatz, der sich oft in den alten Weinordnungen ausgesprochen findet, „daß kein Handel in's Groß verboten werden kann".

Nichtsdestoweniger aber mußte auch er überwacht werden, damit er nicht in Detailhandel ausarte, und daher wurden unter andern sehr strenge Verordnungen

über die Größe der Fässer, in denen man den Wein
verladen dürfe, gegeben.

Natürlich traten gleich mit der Entstehung des
Rheinwein-Monopols der Stadt-Communen auch öffent-
liche Weinläger, Stadtkeller, Schenken oder Tavernen
ins Leben.

Es mag dergleichen Tavernen und Keller hie
und da schon im zwölften Jahrhunderte gegeben
haben. Doch stammen die ältesten bestimmten Aufzeichnungen über sie erst aus dem dreizehnten Jahrhunderte. Namentlich reicht z. B. in Wien das
nachgewiesene Dasein einer privilegirten „Stadt-taffern“
(Taverne) bis ins dreizehnte Jahrhundert hinauf*).
Auch in Lübeck existirte schon in der Mitte des dreizehnten Jahrhunderts ein privilegirter Stadtkeller**).
Von dem Hamburgischen Keller wird zuerst im Anfange des vierzehnten Jahrhunderts geredet. Er soll
schon im Jahre 1308 unter dem „Hohen Hause“
bestanden haben, und bereits im Jahre 1326 „ein
wichtiger Zweig der Staatsverwaltung gewesen sein***).

Auch in Bremen mochte es schon seit dem zwölften
Jahrhunderte ein Institut dieser Art geben. Doch
wird ein solches zum ersten Male ausdrücklich erwähnt
in einem Artikel der alten Bremischen Statuten, der
aus dem Jahre 1342 rührt.

---

*) Fr. Tschischka. Geschichte der Stadt Wien. Stuttgart 1847.
S. 173.

**) Wehrmann l. c. S, 77.

***) Dr. O. Beneke. Hamburgische Geschichten und Denk-
würdigkeiten. Hamburg 1856. S. 314.

Es wird in diesem Artikel erzählt, wie ein Bremer Bürger, der Zinngießer Marquarde „im Wein-keller" eine Gewaltthat verübte, indem er dort einer Frau, die seiner Meinung nach ihm etwas schuldig war, eigenmächtig ihren „Hoyken" (Mantel) zum Pfande abnahm, und wie sechs Rathsherren diesen darüber von dem Mann der beleidigten Frau ver-klagten Bürger Marquarde aburtheilten und straften, und ihm dafür eine Buße von 2 Mark auflegten.

Der ganze interessante Artikel, wie er sich in G. Oelrichs vollständigen Sammlung alter und neuer Gesetzbücher der freien Stadt Bremen. Bremen 1771, S. 238 abgedruckt findet, lautet so: „En scele was under den ratmannen umme Marquarde den gropen getere dat he in dem winkeller nam ener vrowen mit ghewolt enen hoyken unde stak ene under de banc, der vrouwen man de sprak dat he wolde vuldon vor de vrouwen ware si wat schuldich, dat scede wi jacob Weslere, johan Duckel de olde henric stafhorst Reyner Rynes-berch johan van Nienborch, gherard borcharde, johan Struve, Rolande von Bersen, also dat he de wolt scal beteren mit twen marken."

Daß der bei dieser Gelegenheit genannte „Wein-keller" der städtische Keller war, darüber kann nach der Art, wie er erwähnt ist, kein Zweifel sein. Auch die Höhe der Strafe, die für die Zeit sehr bedeutend war, bezeugt es. Die städtischen Weinkeller gehörten wie Kirchen, Kirchhöfe und Marktplätze zu den besonders befriedeten Orten, bei denen eine Polizei-

widrigkeit oder Gewaltthat sehr strenge geahnt wurde.
Daß aber der Artikel aus dem Jahre 1342 stammt,
wird klar aus den Namen der 6 unterschriebenen
Rathsherren, die alle in diesem Jahre im Rathe das
Regimente führten. Zugleich ersieht man, daß der
Weinkeller in dem besagten Artikel nicht als etwas
Neues, sondern als etwas schon längst Existirendes
bezeichnet ist. Und dem allen nach können wir also
dem Bremischen Stadtweinkeller-Institute e i n A l t e r
v o n m i n d e s t e n s 500 J a h r e n vindiciren.

Wahrscheinlich schenkte auch schon damals (1342)
der Rath in dem Weinkeller den Rheinwein für seine
Rechnung und ausschließlich aus. Aber einen förm-
lichen Beschluß darüber finden wir erst einige Zeit
später in den Statuten niedergeschrieben.

Dieser Beschluß, der gewissermaßen d i e e r s t e
g e s e t z l i c h p r o k l a m i r t e Weinordnung d e s
R a t h s v o n B r e m e n ist, und der jedenfalls vor
dem Jahre 1370, wahrscheinlich um 1350 herum
gefaßt und in das Statutenbuch eingetragen wurde,
lautet in buchstäblicher Uebersetzung wie folgt:

„Zum Nutzen der Gemeinen Stadt sind die Rathmänner deß zu Rathe geworden, daß sie nicht wollen,
daß irgend einer unserer Bürger Rheinischen Wein
laufen lasse (verzapfe), sondern nur der Rathmann,
der in dem Jahre zu der Stadt Behuf sitzet. Will
aber ein fremder Gast Rheinischen Wein laufen
lassen, so soll er ihn nach dem Rathe der Rathmänner auflegen. Und dabei soll der Gast das
schwören, daß keiner unserer Bürger mit ihm an dem

Weine Theil oder Compagnie habe. So Einer das bricht, so soll er je nach Umständen der Stadt eine Strafe von bis auf 5 Mark bezahlen und den Wein dazu auch noch verloren haben." *)

In einem zweiten diesem Artikel ganz ähnlichen Statute, das aus dem Jahre 1370 datirt ist und das man als die zweite Weinordnung des Raths von Bremen betrachten kann, wird ungefähr ganz dasselbe noch einmal eingeschärft. Der Anfang dieses Statuts lautet in wörtlicher Uebersetzung wie folgt:

„Im Jahre des Herrn 1370 wurde der Rath

---

*) Siehe diesen Artikel bei Oelrichs l. c. S. 20, wo er buchstäblich so lautet: Dor nuttecheyt der menen stat sint de ratman des to rade worden, dat de des nicht ne willet, dat jenech use borghere rineschen win lopen late. ane de ratman de in deme jare sittet to des stades bihof. Wel oc en gast rineschen win lopen laten. den scal he upstecken na rade der ratman, de gast scal oc dat sweren, dat nin use borgere mit eme del edder cumpanye hebbe in deme wine. So we dit breke, unde also dicke he dit breke, dat schal he betern der stat mit vif marken unde den win to voren hebben verloren.

Daß dieser Artikel aus einem früheren Jahre als 1370 datirt, scheint mit Gewißheit daraus hervorzugehen, daß er in den Statuten einem andern gleich folgenden Artikel voraufgeht, der diese Jahreszahl ausdrücklich an der Stirn trägt. Und daß er eine ziemliche Anzahl von Jahren, etwa 20, älter als dieser Artikel ist, scheint daraus gewiß, daß er beinahe ganz dasselbe enthält, was dieser festsetzt. Der Rath, der freilich seine Weinordnungen oft genug wiederholte und einschärfte, wird sich dazu doch nicht in sehr kurzen Tempos veranlaßt gefunden haben.

mit der Wittheit deß zu Rathe, daß kein Mann binnen
Bremen Wein zum Verkauf verzapfen soll, es sei denn
kurzer Wein, ausgenommen der Weinmeister, den der
Rath dazu gesetzt hat. Wäre es aber, daß Gäste
Wein zum Verkauf brächten, den die Weinmeister nicht
kaufen wollten oder könnten, den mögen die Gäste
zum Verkauf auslegen nach dem Rathe des Raths
und ihn laufen lassen."*) Das in diesem Artikel
Folgende, worin geboten wird, daß kein Bürger Antheil
daran haben soll, und worin denn auch die Strafen
für Uebertretung des Gebots festgesetzt werden, lautet
fast buchstäblich, wie in dem vorigen Artikel.

Aus diesen beiden Weinordnungen, die natürlich
ihrer Zeit als Senats-Proklame publicirt und an dem
Rathhause, so wie ohne Zweifel auch, wie es mit
allen späteren Weinordnungen geschah, im Rathskeller
aufgehängt wurden, geht nun deutlich genug hervor,
daß um die Mitte des funfzehnten Jahrhunderts das
Raths-Monopol auf den Rheinweinhandel in voller
Kraft war. Fremde Weinhändler ("Gäste" vom Rhein)
brachten den Rheinwein selber nach Bremen auf den

---

*) S. den Artikel bei Delrichs S. 20. Dort lautet die oben
in der Uebersetzung gegebene Hälfte des Artikels wie folgt: „Anno
Dni 1370 do wurden de Rad van Bremen mid der witte-
cheyt des to rade, dat neen man schal vele lopen laten
wyn bynnen Bremen ane korten wyn behalven de wyn
mestere de de Rad darto zet heft. Were aver dat ghaste
wyn vele brachten, den de wynmestere nicht kopen wulden
noch en kunden, den moghet de ghaste upstecken na Rade
des Rades unde den lopen laten." etc.

Markt, und dieselben waren verpflichtet, ihren Wein zuerst dem Stadt-Weinmeister anzubieten. Hatte dieser den Stadtweinkeller aus dem so angebotenen Wein hinreichend versorgt, und behielten jene noch einen Rest Wein übrig, so durften sie denselben „nach Rathe des Rathes" (d. h. vermuthlich unter Auf= sicht des Rathskellermeisters und nachdem sie dem Rathe ein Geschenk oder eine Abgabe gezollt hatten) in der Stadt den Bürgern feil bieten. Die Bürger selbst durften aber den so angekauften Rheinwein nur zu eigenem Verbrauche acquiriren. Sie durften ihn nicht wieder verzapfen. Auch durften sie keinerlei Antheil an dem Geschäfte der Fremden haben, und wurden, wenn sie gegen diese Verbote sündigten, in eine Strafe von 5 Marken genommen.

Nur sogenannte „kurze Weine" durften die Bürger in der Stadt verzapfen.

Unter diesen „kurzen Weinen" verstand man, wie ich glaube, alle Nicht=rheinischen Weine, deutsche Land= weine, Frankenweine, französische, spanische und andere Weine, die in alten Zeiten wohl nur noch in geringen Quantitäten in der Stadt erschienen, und eben daher „kurze" genannt werden mochten.

Bei diesen alten Bestimmungen ist es in der Hauptsache beinahe 500 Jahre lang in Bremen ge= blieben. Und alle nachfolgenden Weinordnungen des Raths sind fast immer Wiederholungen, Einschärfungen und in späterer Zeit dann auch Erweiterungen und Specificirungen der Weingesetze aus dem vierzehnten Jahrhunderte.

2*

Die nach 1370 zu nächst folgende Wein=
ordnung ist aus dem Jahre 1433. In diesem
Jahre wurden die alten Statuten der Stadt, die man
im Jahre 1303 niederzuschreiben angefangen hatte,
revidirt, von Neuem von Rath und Bürgerschaft
bestätigt, indem man dabei manches umänderte und
zugleich auch einige der alten Gesetze ausließ. Die
alte Weinordnung von 1370 nahm man in der Haupt=
sache unverändert darin auf, doch wurde sie etwas
anders gefaßt, und bekam auch einige Zusätze. Das
Verzapfen des Rheinweins wurde den Bürgern wie
zuvor verboten, blieb dem Rathskeller reservirt und
wurde nur den Fremden unter den oben angegebenen
Bedingungen gestattet.

Das Verzapfen der kurzen (nichtrheinischen) Weine,
auch das des Malvasiers und Rumeniers (spanischen
Weins), die hier ausdrücklich genannt werden, wurde
den Bürgern abermals erlaubt. Doch wurde ihnen
dabei, und dieß war etwas Neues, ein Preis bestimmt.
Sie sollten die Quart kurzen Weines nicht höher als
zu 4 Schwaren verkaufen, mit Ausnahme des ge=
nannten Malvasiers und spanischen Weins, den sie
höher verkaufen durften. *)

---

*) Die erste Hälfte des Artikels, in der diese theils alten,
theils neuen Weingesetze enthalten sind, und der bei Oelrichs l. c.
S. 478 zu finden ist, lautet so: „Nen borger schal vele lopen
laten wyne bynnen bremen sunder korte myne. de mach
he upsteken de quarten to ver swaren unde hogher nicht
uthgesproken maluiesye unde romenye. were aver dat
gaste vele brachten elsatzer edder rinesche wyne. den der

Die auf das Jahr 1433 zunächst folgenden Weingesetze finden sich in den beiden
ältesten sogenannten kundigen Rollen oder
Polizei-Verordnungen Bremens, von denen
die erste aus dem Jahre 1450 und die zweite aus
1489 stammt. In beiden sind die Bestimmungen
und die darin enthaltenen neuen Beschränkungen des
Weinhandels der Privaten zu Gunsten des Weinkellers
und seines Monopols ziemlich gleichlautend. In der
von 1489 sind sie aber am deutlichsten ausgesprochen
und ich will sie daher hier nach dieser Rolle schildern,
indem ich jedoch zur Vergleichung alle darauf bezüg-
liche Artikel beider Rollen nach dem Wortlaute unter
den Text hersetze.*)

---

stad winheren nicht kopen en konden edder en wolden.
den moghet de gaste upsteken na rade des rades unde
den lopen laten uppe tzise." In der zweiten Hälfte wird über
die Strafe der Bürger, die dagegen sündigen, buchstäblich Das
wiederholt, was schon in den früheren Gesetzen gesagt war.

---

*) In der kundigen Rolle von 1450 (Oelrichs S. 741) lautet
der Artikel 127, wie folgt: „Ock mag en jewelyk unser
borger bynnen dessen Yare tappen dree botge malmesien
unde ene bothe Ruminien de se sulven over de zee unde
sand halet edder halen laten unde en scholet dar neen
huss to huren unde gheven van ehnen ilken bothe dree
mark.
Der Artikel 128 derselben Rolle (Oelrichs S. 742) lautet:
Ock en schal nemandt nenerleye clarete lecken van korten
wyne tho verkopende, so vaken dat we brecke de schall
dat beteren mit X marken unde den korten Wyn mogen
se tapen na lude unsses bokes.

Den einheimischen Bürgern blieb das Verzapfen des Rheinweins wie zuvor verboten. Doch behielt sich der Rath vor, es ausnahmsweise Einigen zu erlauben. Das Verzapfen des „kurzen Weines" blieb ihnen erlaubt, doch sollten sie von dem Malvasier und von den spanischen Weinen nur bestimmte Quantitäten verkaufen dürfen, jeder Weinhändler nämlich jährlich nur drei Botas (Fässer zu etwa 2 Oxhoft) Malvasier und einen Bota Rumenier (spanischen Weins). Auch

---

Der Artikel 36 der Kundigen Rolle von 1489 (Oelrichs S. 659) lautet: „Nemandt schall dem Wynemanne entghaen mit dem wyngelde he en dede dat myt sinen willen. Dede dat yemand dat wyl de Radt straffen.

Der Artikel 37 derselben Rolle von 1489 (Oelrichs S. 660) lautet buchstäblich wie der oben gegebene Artikel 128 der Rolle von 1450. Dann folgt der Artikel 38 (Oelrichs S. 660), der so lautet: „Ock en schal nemand claereth lekken to vorkopende ane alleyne in unser Stadt keller by viff marken, so vaken dat we breke: unde upper apoteken und wehme dat de Radt vorlovet hefft.

Der Artikel 42 (bei Oelrichs S. 161): So welck vromet man bynnen unser Stadt Bremen Rynschen wyn umme gelt wil veele lopen laten desulve eyn schal den wyn nicht upstecken noch upsteken laten he en hebbe den wyn thovoren vortziset by viff marken un schall den dar to de tzise noch uthgeven.

Artikel 43 (bei Oelrichs) S. 662: „Ock mach yn jewelck unser borger des yars tappen dre bote malmesye unde ene bote rumenye de se sulven aver Zee unde sandt halen latet und geven van ener isliken boten dre marck tho unser Stadt muren er se de upsteken un scholen dar nene huss to huren by viff marken offt dat we breke. unde noch de tzis dar to gheven.

sollten die Privatleute zu dem Verzapfen dieses Weins
„kein Haus miethen", ihn also wohl, wie ihren Rheinwein im Stadtkeller unter Aufsicht des Rathes lagern.

Da der Weinkeller neben seinem Rheinwein auch
immer Malvasier und spanischen Wein verkaufte, so
war diese letzte Beschränkung des Privathandels wohl
a u c h zum Vortheil des Stadtkellers und vielleicht ein
Versuch, das Rheinwein-Monopol auch auf die genannten Weine auszudehnen. Für die Folgezeit ist
man aber nicht damit durchgedrungen. In den
spätern Polizei-Ordnungen findet sich dieser Artikel
nicht mehr und der Handel mit spanischen Weinen
und Malvasier ist den Privaten immer frei geblieben.

Wie der Handel mit Malvasier und spanischem
Wein beschränkt, so wird das Verzapfen des sogenannten
„Clarets" (Gewürzweins) den Privaten v ö l l i g verboten. Claret (Gewürzwein) wird gesagt, soll b l o ß
auf dem Stadtkeller u n d auf der Rathsapotheke verkauft werden. Doch behielt sich der Rath dabei wieder
vor, daß er ausnahmsweise auch den Handel d a m i t
wohl Privaten erlauben wolle.

Den „Fremden Männern" (den Gästen vom
Rhein) wird in der Polizeiordnung von 1489 ihre
alte Berechtigung zum Verkaufe des Rheinweins
in der Stadt noch ein Mal bestätigt. Doch wird
ihnen dabei nun auferlegt, von ihm eine Abgabe, die
„tzise" oder „accise", zu bezahlen.

Von dieser Accise war in den alten Statuten von
1303 und 1433 doch nicht die Rede. Sie war daher
v i e l l e i c h t eine Neuerung der zweiten Hälfte des

fünfzehnten Jahrhunderts. Wahrscheinlich betrachteten diese Fremden vom Rheine jene Erlaubniß als ein gutes altes hergebrachtes Recht und wußten sich darin zu behaupten, so lange ihr Weinhandel, namentlich der der mächtigen Stadt Cöln blühte. Sie besaßen auch ähnliche Privilegien und Weinniederlagen in England. *)

Allmählig (gegen Mitte des sechszehnten Jahrhunderts) verfiel dieser Weinhandel der Gäste vom Rhein. Sie erschienen seltener, verloren daher auch ihren Einfluß. Man scheint ihnen mithin auch ihre alten Privilegien zum Rheinweinhandel in der Stadt genommen zu haben. Einen ausdrücklichen Erlaß der Bremer Senats hierüber haben wir freilich nicht. Allein bemerkenswerth ist, was Martin Hemelinck, ein Pächter des Bremischen Stadtkellers, in dieser Beziehung in einem Anno 1547 an den Rath gerichteten Supplik bemerkt.

„Es sei ihm", sagte der Genannte „von den Rathsweinherren zugesagt und gelobt, daß kein Fremder einige rheinische Weine in der Stadt solle feil bieten und laufen lassen dürfen". Und dann beschwert er sich, daß trotz dieses Versprechens und Verbots jetzt (1547) ein fremder Mann, der in Bremen vorhanden, eine ganz merkliche Quantität von Wein habe laufen lassen. **)

---

*) Lappenberg. Geschichte des hanseatischen Stahlhofs S. 7·

**) Die beiden hierherg•hörigen Stellen in der besagten Supplik (Bremer Staats-Archiv Ss. 2. b. W. 1. 6. 14) lauten so: „dat

Dieß ist der letzte f r e m d e Rheinweinhändler, den ich in Bremen nachweisen kann, und wenn der Rath nicht durch ein ausdrückliches Verbot den Weinhändlern vom Rhein ihren Handel in der Stadt für die Zukunft versagte, so fiel doch die Sache von selbst dadurch weg, daß sie nach dem Ende des sechszehnten Jahrhunderts nicht mehr kamen.*) Von nun an hatte daher der Rath den Rheinweinhandel in der Stadt g a n z allein, und man konnte in folgenden Zeiten den Rheinwein in kleinen Partien in Bremen n u r i m R a t h s k e l l e r kaufen.

In den alten Zeiten, in denen sich das Monopol ausbildete, war natürlich von einem Engros-Handel mit Rheinwein in der Stadt gar keine Rede. Und eben so wenig existirte ein Handel der Einheimischen mit dem Auslande oder der Umgebung der Stadt. Die Nachbaren, welche von Bremen Rheinwein haben wollten, mochten, wenn sie hörten, daß ein Händler vom Rhein angelangt sei, selbst zur Stadt kommen, und sich ihren Weinbedarf dort holen und mit hinausnehmen. Da aber nun bei dem allmähligen Ausbleiben der Gäste die Bremer sich selbst

my desulvest (die Weinherren) togesechet und gelaveth, — dat ock nein Fromder einigen Rinschen wine scholde moghen vyll hebben und lopen laten" und ferner: whor aver doch alsse nhu, — de fromd man, so hier vorhanden eine marcklicke Summe von wine lopen laten.

*) Zu derselben Zeit hörten die Fremden vom Rhein auch nach Lübeck zu kommen auf. S. Wehrmann l. c. S. 83.

immer mehr in Bewegung gesetzt, sich von dort Wein=
vorräthe verschafft und auch angefangen hatten, die
Umgegend, wo ihr Handel durch das Raths-Monopol
nicht beschränkt war, damit zu versehen, so war die
Zahl der Weinhändler in der Stadt größer geworden
und es hatten sich neben den schon längst existirenden
Lägern französischer, spanischer und anderer Weine
auch mehre Rheinweinläger gebildet. Da immer Ge=
fahr vorhanden war, daß diese Läger zum Schaden
des Rathskellers benutzt und daß von ihnen aus ins=
geheim Detailhandel mit Rheinwein betrieben würde,
so wie auch, daß Rheinwein als fremder Wein verkauft
oder beide mit einander vermischt würden, so
war nun der Rath darauf bedacht, diese Läger der
Privaten stets unter Aufsicht zu haben und ihre
Manipulationen zu überwachen. Doch gab er auch
selbst wieder zu Uebertretungen seines Rheinwein=
Monopols und zur Ausartung des Rheinweinhandels
dadurch Veranlassung, daß er nach alter Gewohnheit, wie
ich sagte, zuweilen a u s n a h m s w e i s e einigen Wein=
händlern den Detail=Verkauf des Rheinweins erlaubte.

Es erfolgten daher nun von seiner Seite viele
neue Maaßregeln gegen die Weinhändler, von
denen wir früher nicht hören, und von Seiten
der Weinhändler häufige Proteste, die früher auch
nicht vorkamen, weil eben damals die Verhältnisse
anders, die Interessen des Weinhandels auch höchst
unbedeutend waren. Es zeigt sich uns mithin seit
dem Ende des sechszehnten Jahrhunderts gleichsam
ein zweihundertjähriger Kampf zwischen den nach Frei=

handel strebenden Weinhändlern und dem auf seinem Monopol bestehenden Rathe, der dabei allerdings natürlich meistens Sieger blieb, die armen Weinhändler vielfach beschränkte, und mit immer erneuerten und oft verschärften Weinordnungen hervorkam.

Die erste und älteste dieser neuen und specielleren Weinordnungen, die nach jenen alten in den Statuten und der kundigen Rolle enthaltenen, von denen ich oben sprach, publicirt wurden, scheint eine Proclama a Senatu vom 27. Mai 1596 gewesen zu sein. Es wird darin gesagt, „daß der Rath glaubwürdig in Erfahrung gebracht habe, wie der rheinische Wein täglich mit französischen und spanischen Weinen vermengt und verfälscht und gleichwohl für ächten guten Rheinwein zu großer Verletzung der gemeinen Gesundheit verkauft werde. Er gebiete daher ernstlich, daß hinfüro keine rheinischen, spanischen und französischen Weine zusammengelagert werden sollten, daß vielmehr jeder Wein für sich bleibe, und daß wer mit Rheinwein handle, keine spanischen und französischen Weine haben solle und umgekehrt.“

Ob diese Anordnung des Senats ganz ausführbar war, und ob man je versuchte, sie streng durchzusetzen, weiß ich nicht. Ausgemacht aber ist es, daß zu derselben Zeit auch in andern Städten Aehnliches befohlen wurde, und auch schon früher befohlen war. Unter andern wurde im Jahre 1616 auch in den bairischen Städten „wegen Besorgniß vor Verfälschung“ geboten, daß man keine bairischen Weine neben andern

Weinen lagern solle.*) In Danzig**) und auch in
andern deutschen Städten hatte man längst ähnliche
Anordnungen getroffen.

Wie das Lagern verschiedener Weine neben einander zu „gesundheitschädlicher" Vermischung der Weine
Anlaß gab, so mochte der Umstand, daß die Rheinweinhändler ihre Fässer, die sie vom Rhein bekamen,
öffneten, abzapften und zum Zweck ihres Handels in's
Ausland mit andern Gefäßen von verschiedener Größe
vertauschten, die Versuche zum Detail-Verkauf in der
Stadt zu erleichtern scheinen. Beim Umfüllen mochte
viel Wein in verbotene Canäle fließen. Es schien
daher zweckmäßig, ihnen dieß Umfüllen gänzlich zu
verbieten. Dieß geschah in einer sehr strengen Weinordnung vom Jahre 1629, in welcher erst noch
ein Mal mit kurzen Worten gesagt wurde, daß kein
Bürger „bei willkürlicher Strafe" Rheinwein
auszapfen solle, dann der Engros-Handel zwar, wie
er es von jeher gewesen war, frei erklärt, zugleich
aber geboten wurde, daß die Kaufleute den Rheinwein
nur in denselben Gebinden verkaufen dürften, in denen sie ihn vom Rhein empfangen
hätten.

Auch sollen sich nach dieser Weinordnung von
1629 alle und jede Weinhändler, damit man desto
bessere Aufsicht über sie haben könne, jedes Jahr

---

*) S. Schmellers bairisches Wörterbuch. Artikel „Wein".

**) Pirzel. Geschichte des Handels der Stadt Danzig.
S. 261—263.

innerhalb der zwölf heiligen Tage nach Weihnachten
bei dem vom Rath verordneten Hauptmanne des
Weinkellers melden, und ihren Namen in das dazu
verordnete Buch verzeichnen lassen, dabei auch ihren
Vorrath an Wein angeben. Und der Hauptmann des
Weinkellers soll sich denn auch selbst noch bei jedem
Weinhändler erkundigen, wie viel Wein er habe, und
den Weinherrn darüber berichten. Um diese ganze
Branche des Handels noch besser reguliren und beauf=
sichtigen zu können, sollen auch gar keine Weine in
der Stadt von den Schiffen oder Wagen, in welchen
sie ankommen, abgeladen werden, „ehe daß sie der
Hauptmann des Kellers zuvor besichtigt und einen
Erlaubnißschein darüber ausgestellet.“

Die Weinhändler protestirten und supplicirten
zwar im folgenden Jahre (1630) gegen diese strengen
Verordnungen und Beschränkungen ihres Geschäfts,
indem sie dabei zugleich auch den Wunsch aussprachen,
das Verbot des Kleinhandels mit Rheinwein möchte
ganz abgeschafft werden. Allein der Rath erklärte in
einer Erwiderung auf diesen Protest, „daß er es auf
vorhergegangene weise Consultation der angeführten
Motive der Weinhändler bei angeregtem Verbot noch=
mals bewenden lassen wolle.“

Dasselbe geschah wiederum im Jahre 1638, in
welchem abermals die Bürger den Antrag stellten,
daß die Verzapfung der Rheinweine Jedem erlaubt
werden möge, der Senat aber wieder abschläglich ant=
wortete und nur in einem kleinen Punkte etwas
nachgab. Er sagte, die Beschränkung des Rheinwein=

handels sei nicht erst jetzt angeordnet und aufgebracht,
sondern schon in antiquissimis statutis der Stadt
Bremen fundiret und auch in der Kundigen Rolle,
so wie in den späteren Weinordnungen nur renoviret,
und der Keller sei schon seit unvordenklichen Zeiten
in possessione dieses ausschließlichen Rechtes gewesen,
„immaßen solches nicht nur aus dem alten Stadt-
buche hervorgehe, sondern auch draußen so notorisch
sei, daß auch ausländische Skribenten, z. B. Bertius
und Mercator hiervon zu schreiben wüßten. Wie denn
auch der Herzog Georg von Braunschweig und Lüneburg gesagt habe, daß eine solche strenge Beaufsichtigung des Rheinweinhandels ganz durchaus nöthig sei,
um die schädliche Verderbung der Rheinweine und
ihre Vermischung mit französischen und spanischen
Weinen zu verhüten. *) Damit jedoch die Bürgerschaft verspüre, daß Amplissimus Senatus ihnen nach
Möglichkeit zu willfahren geneigt sei, so wolle er es
geschehen lassen, daß wie ein jeder bisher mit ganzen
und halben Ohmen er in Zukunft auch noch mit
Viertel-Ohmen, — jedoch nur außer der Stadt
handeln dürfe.“

„Cives erklärten, daß sie sich dieß Mal damit
begnügen wollten.“

Es scheint, daß die Weinhändler vor der Hand
wenigstens einen Punkt gewonnen hatten, nämlich die

---

*) Der Brief, in welchem der geannte Herzog sich über diesen
Punkt, über den der Rath von Bremen mit ihm correspondirt
hatte, ausspricht, ist noch auf dem Bremer Staats-Archive vorhanden.

Beseitigung des Verbots von 1629, daß man Rheinwein
nur in denselben Fastagen solle versenden dürfen,
in denen man ihn vom Rhein empfangen habe. Freilich
war es kein dauernder Gewinn, denn als der Rath
wieder „von allerlei Mengeleien und Umgehungen des
Monopols seines Kellers vernommen", da erließ er im
Verlaufe des siebenzehnten Jahrhunderts mehre andere
Weinordnungen, in denen jene Erlaubniß wieder zu-
rückgenommen wurde, und in denen er auch noch
manche andere Bestimmungen traf.

Solche Weinordnungen erschienen im Jahre 1643,
1665 und 1673. Sie waren meistens nur immer
umständlicher werdende Erneuerungen alter Satzungen.
Die letzte vom Jahre 1673 ist die erste Weinordnung, welche im Druck erschien. Deßwegen
und weil sie sehr detaillirt ist, kam man noch später
oft auf sie zurück und es ist vielleicht der Mühe werth,
hier auf ihren Inhalt etwas näher einzugehen, um
darnach den Geist jener Zeit und den Zustand des
damaligen Weinhandels zu charakterisiren.

Der Senat sagt darin, wie er „nach Publicirung
und Affigirung seiner vielen Weinordnungen aus den
früheren Jahren nicht anders verhofft habe, als daß die
Bürger sich darnach gehorsamblich gerichtet und nicht
dagegen weder heimb-, noch öffentlich gehandelt haben
würden. Nichtsdestoweniger aber komme es ihm je
mehr und mehr in glaubwürdige Erfahrung und
bezeuge es auch der stadtkundige Augenschein, wes-
gestalt sothane wohlgemeinte Ordnungen fast in allen
Punkten eingebrochen würden, indem die Bürger nicht

nicht nur hin und wieder in der Stadt ohne Erlaubniß
und Consens der verordneten Weinherren, mit freier
Auszapfung der Weine verführen, auch allerhand
distillirte Rosa Solis, Anieß, Calmuß, Oranien,
Citronen, auch sonsten gemeinen Brantewein ver=
zapften, sondern auch solche Getränke in allerlei kleinen
Fässern, als Ankern, Vierthels=Ohmen, Flaschenfuttern,
steinernen und gläsernen Geschirren, heim= und gefähr=
licher Weise durch verschiedene Pforten und selbst=
gemachte Gelegenheiten aus der Frembde in die Stadt
hereingestolen und zu feilem Verkaufe wieder hinaus
gethan würden, woraus allerhand Anlaß zu vielen
Unordnungen gegeben, insonderheit aber sowohl die
Accise und Consumtions=Kammern an ihren Im=
posten als auch der Weinkeller an seinen Einnahmen
geschmälert und verkürzt würde. Daher habe der Rath
für nöthig erachtet, die alten Wein=Ordnungen aufs
Neue einzusehen und nach den jetzigen Zeiten und
Läufften einzurichten, und sie zugleich, damit sich keiner
inskünftige mit der Unwissenheit zu entschuldigen habe,
etwas umbständlicher und deutlicher in Druck zu geben,
mit dem ausdrücklichen Befehl, daß ein jedweder sich
nach den hierunter specificirten Puncten allerseits
richten oder sich ohnaußbleiblicher willkürlicher ernst=
licher Bestrafung ohne Ansehen der Person zu gewär=
tigen habe."

Demnach will und gebeut der Rath nochmals:

1.) daß von diesem Tage an keiner einige Weine
oder Branteweine verzapfen oder verkauffen solle, er
habe sich denn zuvor bei den verordneten Weinherren

angegeben, seinen Namen verzeichnen lassen, und die Erlaubniß dazu erhalten.

2.) daß hinfüro, wie zuvor keinem Einwohner gestattet werde, Rheinische Weine zu schenken und zu zapfen, sondern daß dieselben nur allein im Stadtkeller sollen gezapfet und verkaufft werden, daß aber die mit Rheinischen Weinen handelnden Grossirer, sowohl außerhalb, als innerhalb der Stadt nicht bei Ohmen, halben Ohmen, viel weniger bei Viertheilen, sondern nur in den Fässern und Zulasten, in denen sie solche anher bringen lassen, hinwiederum verkauffen oder ausschenken sollten bei Strafe der Confiscirung des vorhandenen Rheinweins.

3.) daß die, welche mit Spanischen, Französischen und Fränkischen Weinen handelten, solche wohl nach erhaltener Erlaubniß und Bezahlung der nöthigen Abgaben ausschenken und im Kleinen verhandeln dürften. Wollten sie aber en gros damit handeln, so sollten sie auch dieß nicht anders thun dürfen als in großen Fässern und Oxhäuptern, in denen sie sie empfangen, bei Confiskation der Weine.

4.) daß, wenn ein Weinhändler aus der Stadt Weine verkaufen und ausschenken wollte, so sollte er zuvor solches bei der Acciskammer anmelden, die Personen und Oerter, wohin solche gesandt werden, benennen, und darüber zwei Acciß=Zettel nehmen, von denen er einen an den Stadt=Weinkeller liefern, den andern aber am Thore abgeben sollte.

5.) daß keinerlei Wein in die Stadt gebracht werden sollte, bevor nicht der neubestellte Visirer den

3

Wein besehen und sein· Mark (einen Bremer Schlüssel)
auf die Fässer gedruckt habe,

6.) daß insbesondere die Accis-Meister und
Schreiber bei allen Pforten und Thoren der Stadt
und an der Schlachte darauf sehen sollten, daß kein
Weinfaß ohne die Marke des Visirers und ohne die
nöthigen Accis-Zettel ein- oder auspassire, welche
Accise-Zettel alsdann alle Samstage in den Weinkeller
abzuliefern sein.

Andere ähnliche Weinordnungen wurden vom
Senat auch noch später erlassen so in den Jahren
1702, 1712 und 1767. Doch enthalten sie wenig
Neues, vielmehr werden darin immer nur die Bestimmungen der alten Weinordnungen und namentlich
der von 1673 wiederholt. Solche Erneuerungen der
alten Bestimmungen wurden fast jedes Mal dadurch
herbeigeführt, daß der Rheinweinhandel wieder ausgeartet und bei Privaten gewöhnlich geworden war.
Ein Mal schlug ein Rathsherr, um diesen beständigen
Rückfällen und Ausartungen des Rheinweinhandels
recht gründlich vorzubeugen, vor, „daß den Privaten
aller Rheinweinhandel zu verbieten sein möchte.“
Dieß fand der Rath zwar nicht „praktibal“, beschloß
aber desto strenger auf das alte Gebot zu halten, daß
der Rheinwein unverändert in denselben Fastagen
wieder ausgeführt werde, in denen er angekommen sei.

Man sieht daraus, wie lange und schwer das
Rheinwein-Privilegium des Bremischen Stadtkellers
nicht nur auf dem Rheinweinhandel, sondern auf dem
Weinhandel der Stadt überhaupt gelastet hat. Auch

läßt sich aus einzelnen Vorfällen entnehmen, wie
eifersüchtig man auf Aufrechthaltung dieses Privile-
giums wachte und wie strenge man gegen Contra-
venienten verfuhr.

Im Jahre 1691 wurde ein Weinhändler Bernd
Barkey wegen Verletzung der Weinordnung verklagt
und in 100 ℔ Strafe genommen, „weil er Rheinwein
in verbotenen „Bastagen" verkauft habe." Da derselbe im Verlaufe seines Processes sich nicht nur an-
zügliche Aeußerungen gegen die Güte des Rheinweins des
Rathskellers erlaubt, sondern auch „überhaupt sich sehr
freier und bedenklicher Reden bedient hatte", — (er
hatte gesagt, daß in Hamburg der Weinhandel nach
viel freisinnigeren Grundsätzen behandelt würde, als
in Bremen) — „so sollte dieser wegen noch separatim
gegen ihn agirt werden."

Solche Prozesse, deren Details für die Zeit sehr
charakteristisch sind, kommen in den Annalen des Bremer
Rathskellers mehrfach vor. So z. B. wurde auch im
Jahre 1720 vom Senate eine Commission ernannt,
um zu inquiriren, „woher die bei der Hochzeit des
Amtmanns zu Rekum getrunkenen Rheinischen Weine
genommen seien, da man gewiß wisse, daß der
Bremer Rathskeller sie nicht geliefert habe." —

Ganz besonders beschwerlich war den Weinhändlern
die alte Vorschrift, daß sie, (selbst die „Grossierer")
gar keinen Rheinwein in ihren eigenen Häusern auf dem
Lager haben, vielmehr denselben nur im Rathskeller
lagern und auch ihre Rheinweinfässer nur

3 *

unter Aufsicht des Kellerhauptmanns oder
der Weinherren öffnen dürften.

Gegen diese Vorschrift protestirten und beschwerten
sich einzelne Weinhändler und im Jahre 1722 im
Namen der Kaufleute auch das Eltermanns-Kollegium.
Sie baten, „daß die Weinhändler ihren Rheinwein
nicht gezwungen sein möchten, nach dem Keller zu
bringen", sondern daß sie ihn „nach ihrer Commodité
möchten niederlegen dürfen." Allein der Senat gab
in diesem Jahre den Bescheid: „daß der Rheinwein
der Privaten trotz der Beschwerde des Collegii
Seniorum nach wie vor den frühern conclusis gemäß
in den Rathskeller gebracht werden solle; und daß
es bei dieser Anordnung verbleiben müsse, weil sie
zum Allgemeinen Besten geschehen sei."

Nachträglich (im Jahre 1724) wurde den Weinhändlern auch noch befohlen, daß sie über den besagten
Punkt, über das Lagern ihrer Weine im Keller und
das Oeffnen der Fässer unter Aufsicht „einen eidlichen
Revers" unterzeichnen sollten. Dieser ihnen ange-
muthete Revers lautete so:

„Ich Endesunterzeichneter bescheinige hiemit, daß
ich auf erhaltene Erlaubniß heute in den Keller ein-
gebracht habe . . . . (so und so viel) Rheinwein mit
des Visirers Mark gezeichnet, und ich gelobe, daß ich
solche Fässer nicht will brechen, (öffnen) verändern,
viel weniger hinausschicken und draußen verkaufen
ohne Erlaubniß, es habe denn gedachter Visirer
solche recognosciret und das Spunt mit seinem Mark

(dem Bremer Schlüssel) bezeichnet, daneben solches am Weinkeller angegeben."

Wie über alle Maaßen beschwerlich ein solcher Revers sei, bewies damals in einem sehr verständigen und freimüthigen an den Senat gerichteten Schreiben (vom 14. Januar 1724) die Weinhandlung Burchard Deneken, eines der ältesten Häuser von Bremen. „Es sei den Weinhändlern rein unmöglich", heißt es darin, „jedes Mal, wenn sie ihre Fässer brechen wollten, entweder um ihren Wein aufzufüllen, oder auch um sie, die Käufer probiren zu lassen, hinter dem Visirer herzulaufen, und seine Ankunft ab- zuwarten, und er (Deneken) bäte daher, daß er seinen Wein nach geschehener Anmeldung im Raths- keller ins Haus bringen lassen dürfe." Auch unter- stützte diesen Protest wieder das Collegium Seni- orum, das den verlangten Revers als dem Handel „höchst praejudizirlich" bezeichnete. Der Senat erwie- derte indeß: es solle bei dem Reverse sein Bewenden haben, und eine Commission des Senats solle den Elterleuten den Revers expliciren.

Außer diesem Reverse wegen ihres im Weinkeller lagernden Rheinweins mußten die Weinhändler auch jährlich noch andere Reverse an Eides Statt unter- zeichnen, in denen sie genau angeben mußten, wie viel sie an Wein, Brantwein, Sekt ꝛc. ausgesandt, wie viel sie am Orte selbst verkonsumirt und wie viel Consumtion sie dafür bezahlt hätten und schließlich noch ein Mal beschwören: „daß sie sonsten an Weinen,

Sekt ꝛc. allhier nichts mehr verkauft, verzapft oder consumirt hätten. So Wahr Gott ihnen helfe." —

Zuweilen verweigerten es die Weinhändler solche Eide zu leisten, z. B. ein Mal einer im Jahre 1706. Dann wurden sie aber geschwind auf's Rathhaus gerufen, „mit einer Strafe von 100 Gold-Gulden bedroht, wenn sie nicht binnen 8 Tagen den Eid leisteten", und sie mußten sich dann fügen.

Sie mußten nicht nur spe ciel le eidliche Reverse darüber unterzeichnen, daß sie nicht mehr als das Angegebene verhandelt oder verconsumirt hätten, sondern man verlangte von ihnen, — zu Zeiten wenigstens z. B. ein Mal im Jahre 1767 auch noch einen allgemeinen Eid darüber ab, daß sie Alles wahrheitsgemäß angeben und alle Abgaben richtig bezahlen wollten.

Dieser allgemeine Eid der Weinhändler lautete so: „Ich schwöre einen leiblichen Eid, daß ich dasjenige, was ich an Wein und Brantewein im ganzen Jahre gekauft, verzapft, verehret und selbst mit den Meinigen verkonsumirt habe, der Consumtions-Kammer richtig anzeigen und den Impost davon richtig bezahlen will."

Von dem Verbote, den Rheinwein anders als im Weinkeller zu lagern, wurden zuweilen Ausnahmen gemacht. So wurde z. B. im Jahre 1730 dem Bürger Andreas Arnold erlaubt, seine Rheinweine in seinem Quartiere zu lagern, „jedoch nur Fässer, die über einen Ohm enthalten und auch nur unter der Bedingung, daß er die, so er in seinem Hause behalten wolle, zuvor specificiren und durch den Visirer aufnehmen lasse."

Wann jenes Verbot aufgehört habe, finde ich nirgends angemerkt. Gegen das Ende des achtzehnten Jahrhunderts scheint es nicht mehr in Geltung gewesen zu sein. Allerdings aber hielt man noch bis zur französischen Zeit auf den Grundsatz, daß Rheinwein nicht umgezapft, sondern nur in solchen Fastagen, in denen man ihn empfangen habe, wieder versandt werden dürfe.

Noch am 24. September 1792 stellt ein Wein-händler Namens Duntze die Bitte an den Senat, „daß es ihm erlaubt werden möge, ein Stückfaß Rheinwein (von 5 Oxhoft), das er zur Spedition nach America in Bouteillen erhalten habe, wirklich auf Bouteillen zu ziehen und umzuzapfen, weil nach America der Wein in sehr großen Gebinden nicht vortheilhaft eingeführt werden könne". Er versichert dazu auf Bürgereid, daß dabei nichts in der Stadt bleiben solle.

Das Rheinwein-Monopol selber aber dauerte noch nach der französischen Zeit oder lebte wenigstens nach derselben wieder auf. Noch im Jahre 1820 wollte man den Börsenkeller verpachten und dem Pächter dabei „das Monopol des detaillirten Rheinweinverkaufs" ertheilen.

III. Von den Weinabgaben, die an den Weinkeller gingen und von anderen „Weinkellers-Imposten."

Die frühesten Abgaben, mit denen man den Weinhandel der Privaten beschwerte. — Das sogenannte „Boden-Geld." — „Wein-Accise." — Wein-Consumtions-Abgabe. — Das „Kranzgeld." — Geldstrafen für Verletzung der Wein-Ordnungen. Einige andere Einnahmen des Kellers.

Das Rheinwein-Monopol war das vornehmste und wichtigste Recht der Weinkeller unserer Städte und auch dem Bremischen floßen daraus, so wie aus dem durch das Monopol so vortheilhaften Handel mit Rheinweinen seine Haupteinnahmen zu. Da indeß das ganze Weinkeller-Departement nicht bloß ein Institut zur Lagerung und Verschleißung dieser privilegirten Weine war, sondern von vornherein auch im Wesentlichen die Bestimmung hatte, die polizeiliche und finanzielle Aufsicht über den ganzen Weinhandel der Stadt zu führen, so war es natürlich, daß auch die verschiedenen Abgaben, welche allmählig bei Aus-

und Einführung und für den Consum der Weine
beliebt wurden, so wie auch die Geldstrafen, die für
Uebertretung der Weinordnungen festgesetzt wurden, in
den Keller flossen.

1) Das „Bodengeld.“

Die Abgaben auf Wein und andere Getränke
gehören überhaupt zu den ältesten Abgaben in unsern
Städten. Sie sollen namentlich älter sein, als die auf Ge-
traide. Besonders alt scheint das in Bremen sogenannte
„Bobbengelt“ oder „Bodengeld“ zu sein, dessen
Ursprung man nicht mehr nachzuweisen vermag. Es
kommt schon in dem 115. Artikel der kündigen Rolle
von 1450 als etwas Altes vor und heißt dort
„bodene-geld.“ Dasselbe wurde von jedem seewärts
einkommenden Bier- und Weingefäße bezahlt, „welches
zwei Boden besaß“, das will heißen von jeder Tonne,
also z. B. nicht von Flaschen, Krügen, Körben oder
dergleichen, auch nicht von den landwärts oder die
Weser herabkommenden Weinen.*) Dabei aber war
es einerlei, ob das Faß bloß die Stadt passirte oder
ob es in derselben zum Lagern zu kommen bestimmt war.
Ein Bremischer Schriftsteller (Dr. Duntze) der über dieß
Bodengeld geschrieben hat, bezeichnet daher die Natur
dieser eigenthümlichen Abgabe als eine gemischte. Er

---

*) So wird wenigstens gewöhnlich behauptet, obwohl man
aus dem Artikel 115 der kündigen Rolle von 1456 schließen sollte,
daß Bier wenigstens auch dann Bodengeld bezahlte, wenn es zu
Lande kam.

sagt, es sei halb ein Stapelrecht, halb eine Accise oder Consumtionsabgabe gewesen.

Das Bodengeld betrug 4 Grote von jedem Fasse, mochte dieses nun groß oder klein sein, „mochten es Bothen, Piepen, Oxhäupter, Ankers, Trommels oder andere noch kleinere Vastagen sein", und es wurde in diesem Betrage nie geändert, weder vermindert noch erhöht. Von den ältesten Zeiten bis auf die neuesten herab, betrug es immer „zwei Grote für jeden Boden oder vier Grote für jedes Faß mit doppeltem Boden."

Eben so scheint es von ältesten Zeiten her, bis zu der Zeit der sogenannten Zwei und dreißiger (gleich nach dem siebenjährigen Kriege) immer von dem Weinkeller-Departement eingefordert und an den Weinkeller bezahlt worden zu sein. Es findet sich in allen Verzeichnissen der „Keller-Imposten" in dieser langen Periode aufgeführt, und es flossen dem Keller aus dieser Quelle jährlich etwa 4 bis 500 Thaler zu. Nach der Zeit des siebenjährigen Krieges wurde es nicht mehr an den Keller, sondern an die Consumtionskammer entrichtet, und im Jahre 1824 wurde diese alterthümliche Weinabgabe durch einen Senats- und Bürgerschluß gänzlich aufgehoben.

2) Wein = Accise.

Außer dem Bodengelde bestand — ebenfalls seit sehr frühen Zeiten — die bedeutendere Abgabe der „Wein-Accise", die nicht nur von Gefäßen mit zwei Böden, sondern von allen Weinen, fremden Bieren und anderen Getränken, wie sie auch immer gefaßt sein mochten, und nicht nur von den seewärts einkommenden, sondern auch von denen, welche zu Lande oder auf der Oberweser anlangten, nicht aber von den bloß durchpassirenden bezahlt wurde.

Wahrscheinlich hatte schon in den ältesten Zeiten der Erzbischof die auf den Markt gebrachten Weine mit einer Abgabe belegt. Unter den Einkünften der Stadt findet sich eine Wein-Accise zuerst im Anfange des funfzehnten Jahrhunderts erwähnt. In einem im sogenannten Rathsdenkelbuche enthaltenen Verzeichnisse der den Stadtmauern zugewiesenen Einkünfte (vom Jahre 1420) heißt es, daß die fremden Gäste (Weinhändler vom Rhein) von jedem Ohm Wein „8 Grote tsise (Accise) an die Stadtmauer bezahlen sollen und daß ferner 4 Grote von der „tsise" des Weinkellers an die Stadtmauer kommen solle."*) Ungefähr dasselbe, nur noch etwas umständlicher wird in einem Verzeichnisse der Einkünfte der Stadtmauer vom Jahre 1483 gesagt. Es heißt darin, „daß von jedem Faß rheinischen Weines, das im Stadt-Weinkeller verzapft wird 4 Grote und von jedem Faß rheinischen Weines, das außerhalb des Rathsweinkellers verzapft wird 8 Grote an die Stadtmauer kommen solle. **)

---

*) Die Worte im Rathsdenkelbuche darüber lauten: „Item wes uns (den Mauerherren) wert van der tzisen des wynkellers van der amc ver grote, unde van den ghesten van der amc VIII grote."

**) Des Rathsdenkelbuch sagt: „Ok horet der stadt

Einer Accise auf die von Privaten eingeführten ausländischen (Nichtrheinischen) Weine wird in diesen Artikeln noch nicht gedacht. Wahrscheinlich existirte übrigens damals auch schon längst eine solche und wir mögen eine Bestätigung hiervon in einem Artikel der Polizei-Ordnung vom Jahre 1450 finden, wo gesagt wird, „daß Niemand dem Weinmann (dem Weinherrn) mit dem Weingelde (Weinabgabe, Accise) entgehen solle."*) Sollte „Niemand" dem Weinmann mit dem Weingelde entgehen, so waren gewiß vor allen Dingen auch die eigenen Bürger mit ihren ausländischen Weinen dem unterworfen. **)

Aus dem letzten Artikel geht zugleich ziemlich deutlich hervor, daß die Weinherren (de Wynman) diese Wein-Accise einfassirten und beaufsichtigten. In der Polizei-Ordnung von 1489 wird zum ersten Male eine Accise auf ausländische, nichtrheinische Weine und auch die Höhe derselben deutlich bestimmt. Es heißt

----

muren van enen yeweliken ohme wyns, dat in der stadt wynkeller ghetappet werd, 4 grote. Item van Rinschen wyne, de buthen des rades wynkeller getappet werd, von enem geweliken ohme 8 grote.

*) S. Artikel 27 der kündigen Rolle von 1450 bei Oelrichs l. c. S. 723. „Nemand schal den Wynmann entgahen myt den Wyngelde he en do dat myt sinen wyllen, dede dat jemant dat wil de Rad richten. In der kündigen Rolle von 1489 lautet der Artikel 36 (bei Oelrichs l. c. S. 659) ganz ebenso.

**) In Lübeck wird schon im Jahre 1372 eine Accise auf fremde von Privaten eingeführte Weine als längst bestehend erwähnt. S. Wehrmann l. c. S. 98.

daselbst, daß die Weinhändler für jede „Bota" (etwa 2 Oxhoft) spanischen Weines und Malvasiers, die sie einführen, ehe sie denselben zum Verzapfen auflegen, drei Marken an die Stadtmauer bezahlen sollen.*) Da nur die in der Stadt „verzapften" Weine damit belastet waren, und von keiner Einforderung der Accise beim Thore die Rede ist, so könnte man auch zweifeln, ob diese alte „tzise" als eine Eingangs- oder Gewerbesteuer zu betrachten sei. **)

In den ausführlicheren Weinordnungen seit dem Ende des sechszehnten Jahrhunderts wurden die Accisen von den verschiedenen Getränken nicht nur genauer bestimmt, sondern auch gradatim durch eine Reihe folgender Beschlüsse immer mehr erhöht. Aus einer Weinordnung vom Ende des sechszehnten Jahrhunderts geht hervor, daß damals für die Ohm rheinischen und hispanischen Weines eine Accise von 3 Gulden per Ohm bezahlt wurde. Im Anfange des siebenzehnten Jahrhunderts wurde dieselbe auf 4 Gulden erhöhet und zwar mit Vertröstung an die Bürger, „daß es hinfüro dabei bleiben und man sich keiner ferneren Verhöhung zu besehen habe." Jedoch schon im Jahre 1617 wurde dieser gegebenen Vertröstung zuwider auf Antrag des Senats die Accise auf 6 Gulden per Ohm

---

*) Sie diesen Artikel bei Oelrichs l. c. S. 662 „van ener isliken boten dre mark tho unser Stadtmuren er se de upsteken."

**) Siehe über die Natur der alten „tzisen" der Norddeutschen Städte. Hüllmann Städtewesen des Mittelalters. Bonn 1827. Theil II. S. 118.

gesetzt, was bei geringen Weinsorten damals wohl den sechsten Theil des Werthes ausmachte.

Da die Branntwein-Accise eben so schnell von 4½ auf 5 ₰ und dann 1617 auf 12 Gulden per Ohm erhöht wurde, so fanden die Weinhändler der Stadt dieß allzu drückend, und stellten dem Senate in einer Supplik vom 5. Januar 1622 vor, daß dadurch der ganze Bremische Weinhandel ruinirt werden würde. „In allen umliegenden Städten Stade, Oldenburg, Verden ꝛc." sagten sie", betrüge die Accise für das Ohm Wein nur 2 schlechte Thaler oder auch nur 1 Gulden, auch wohl nur einen halben Thaler. Und auch in Hamburg wären es nur 2 Thaler à 32 Schillinge. Die vom Adel und die anderen vornehmen Leute auf dem Lande rings um Bremen herum, fingen daher bei der hiesigen jetzt so hohen Accise, die doch sie am Ende tragen müßten, schon an, den Weinhändlern in den genannten Orten das Geld zu gönnen. In der ganzen Stadt Bremen wäre keine Handlung so bedeutend bedrückt, wie sie die Weinhändler, die sich doch nicht zu erinnern wüßten, daß sie von wegen bezeugten Ungehorsams, gespürter Halsstarrigkeit oder geübten üppigen Lebens vor anderen ihren Mitbürgern zu beschweren wären. Sie bäten daher den Senat, es bei den zuvor schon ge- steigerten 4 Gulden für die Weine, und bei den 5 Thalern für die Branntweine zu lassen, damit sie für sich und ihre Kinder etwas Brod erobern könnten."

Was der Rath auf diese Supplik beschlossen, finde ich nicht angemerkt. Daß man auf das Gesuch

der Weinhändler wenig Rücksicht nahm, scheint aber aus
einer einige Jahre späteren Supplik derselben hervorzugehen, worin sie sagen, daß der Wein jetzt 3 Spe-
ciesthaler Accise per Ohm bezahlen müsse.

Obwohl, wie gesagt, die Wein-Accise im fünfzehnten Jahrhundert „an die Stadtmauer „kommen
sollte, so ist es doch wohl außer Zweifel, daß schon
damals nicht die „Mauerherren", sondern die Weinherren und ihre Unterbeamte diese Abgabe einforderten
und daß sie zunächst in den Weinkeller floß, von
wo sie dann für den Zweck der Befestigung an die
Mauerherren entweder ganz oder vielleicht nur theil-
weise abgeliefert werden mochte. Ganz gewiß ist es,
daß im sechszehnten und im siebenzehnten Jahrhundert
die Wein-Accise vom Keller aus eingefordert und
verwaltet wurde. In einer Verordnung vom Jahre
1600 wird gesagt: „daß die Wuppers keinen Wein,
der im Keller nicht angesagt sei, aufsetzen sollten, damit
dem Keller die ihm gebührende Accise nicht entzogen
würde (wodurch dem Keller de geborlichen Accise
entzogen werde)." Es wird deutlich in den Instruktionen und Bestallungs-Urkunden der Kellerhauptleute
gesagt, „daß sie alle die Weine so von den Wein-
händlers und Weinzapfers hierher gebracht werden,
täglich verzeichnen, und in ein sonderlich Buch eintragen und davon Rechnung halten und dann die
Accise außerdem nöthigenfalls auch eintreiben sollen.
Auch sollen sie alles Geld, was an Wein-Accise,
Kranz- und Bodengeld, so wie an Kringel und

Pfefferkuchen täglich einkömmt, jeden Abend in die
Lade thun".

Es wurde zwar im Laufe des siebenzehnten Jahrhunderts, ein Mal nämlich im Jahre 1625, beschlossen
oder vorgeschlagen, „daß man die Accise hinfüro auf
dem Accise-Bureau entrichten solle, nicht wie bisher
geschehen im Weinkeller." Diesem Beschluß muß aber
wohl damals noch keine Folge gegeben sein, denn
die Instruktion des Kellerhauptmannes lautete bis
ans Ende des siebenzehnten Jahrhunderts, „auf Ein-
cassirung und Verwaltung der Wein-Accise." Auch wird
mehre Male (z. B. ein Mal im Jahre 1673) ausdrücklich befohlen, „daß alle Sonnabend von dem
Accisemeister und Schreiber die Wein-Accisezettel im
Weinkeller abgeliefert werden sollen." In einer unter
den Kellerpapieren befindlichen Schrift aus der Mitte
des achtzehnten Jahrhunderts wird folgendes gesagt:
„Bis 1731 sind die Wein-Accise und Wein-Consumtion
vom Keller selbst eingefordert und gehoben worden.
Da aber einige Debitors zuweilen im Bezahlen säumhaft und nachlässig gewesen sind, so haben die derzeitigen Weinherren sich mit den Herren von der
Consumtions-Kammer verabredet, und dieselben ersucht,
die Einsammlung zugleich durch den Wein-Visirer
verrichten zu lassen und dem Keller monatlich seinen
Antheil einzusenden. Für die Bemühung werden
jährlich 29 Stübchen Rheinwein an die Consumtions-
kammer abgegeben."

Während des ganzen achtzehnten Jahrhunderts

erscheint noch die Wein-Accise regelmäßig unter den Einnahmen des Kellers, bis zur französischen Zeit, wo dem Keller bei einer neuen Organisation des Zoll- und Steuerwesens diese Einnahme verloren ging.

3) Consumtion.

Die Consumtionsabgaben oder Verbrauchssteuern sind fast in allen Städten eine Erfindung von späterem Datum, als die Accisen. In Bremen wurden sie durch die Unruhen und Bedrängnisse des dreißigjährigen Krieges im Anfange des siebenzehnten Jahrhunderts ins Leben gerufen.

Schon seit dem Jahre 1612 hatte der Rath mit der Bürgerschaft darüber verhandelt, und hatte, „da die Unabhängigkeit der Stadt von verschiedenen Seiten bedroht und neues Militair zu besolden nöthig wäre", auf Einführung einer neuen Steuer angetragen. Aber erst im Jahre 1625 kam es darüber zwischen Rath und Bürgerschaft zum Schluß. Damals waren die Oesterreicher unter Tilly in den niedersächsischen Kreis eingefallen und näherten sich der Stadt immer mehr und drohender. „Nun müsse man alles in Bereitschaft stellen", sagte der Rath in seinen erneuerten Anträgen auf Geldmittel bei der Bürgerschaft, „man müsse eine gute Anzahl Soldaten annehmen, die Wälle der Stadt bessern, nach der neuen Formel, so nun gebräuchlich, machen lassen, und sich fürsehen mit allerhand Kriegs-Munition von Kraut, Lot und sonsten,

4

„um die Selbstständigkeit der Stadt sowohl gegen
den Grafen von Mansfeldt, als gegen Tilly und andere Feinde zu sichern". *)

Es wurde demnach in dem besagten Jahre eine
allgemeine Steuer auf alle in der Stadt consumirten
Gegenstände und namentlich auch auf Wein beschlossen.
Anfänglich geschah die Erhebung dieser Steuer auf
dem Rathhause. Doch bestimmte man bald dafür ein
eigenes Haus am Markte, die sogenannte „Consumtions-Kammer", wo nun vom Jahre 1644 an die
Consumtion erhoben wurde. **)

Die Consumtionsabgabe auf den Wein betrug
anfänglich 1 Groten per Quart, wurde aber schon
1627 verdoppelt auf 2 Grote per Quart und es blieb
dabei, obgleich die sämmtlichen Weinhändler im Jahre
1628 in einer Supplik an den Senat dagegen protestirten und versicherten, „daß der Wein, der schon
ohne dieß fast 3 Thaler Specie per Ohm Accise bezahlen müsse, solche schwere Tributa nicht tragen
könne." — Die Consumtionsabgabe und die Accise
auf Wein wurden, wie es damals mit vielen Staats-
Revenuen geschah, verpachtet. Aber die Pächter scheinen
immer mit den Weinhändlern, die gegen diese Abgabe sehr eingenommen waren, große Noth gehabt
zu haben. In verschiedenen Suppliken an den Senat
(z. B. in einer vom Jahre 1681) klagen sie, „daß sie

---

*) Nach den Bürger-Convents-Verhandlungen aus dieser Zeit.
**) S. J. H. Duntze, Geschichte Bremens III. Band.
S. 538.

mit den Weinhändlern nicht fertig werden könnten, weder mit den Grossirern, noch mit den Weinzapfern, daß dieselben ihre Leute, welche sie (die Pächter) dazu verordnet hätten, um die Weine aufzunehmen, zu visiren und zu verzeichnen, gar nicht zulassen wollten, dieselben vielmehr beständig daran verhinderten und mit schmählichen und schimpflichen Worten zurückwiesen."

Vermuthlich wurde in Folge dieser Klagen, die Verpachtung der Wein=Consumtion aufgegeben und im folgenden Jahre 1682 ein eigener Beamter, der sogenannte „Wein=Visier" (auch „Wein=Visitirer" genannt) zur Einforderung der Weinkonsumtion wie der anderen Weinabgaben eingesetzt. Dieser alle Weinabgaben controllirende Wein=Visirer, der nun auch einen großen Theil der Geschäfte, die früher den Weinherren und den Kellerhauptleuten zugetheilt gewesen waren, übernahm, bestand bis zur französischen Zeit, wo er aufhörte ein Consumtions=Beamter zu sein und anders benannte Beamten an seine Stelle traten. Es gab darnach zwar noch bis zum Jahre 1833 „Wein=Visirer" in Bremen. Doch hatten sie nicht mehr die frühere Bedeutung. Mit der Controllirung der Abgaben hatten dieselben nichts mehr zu thun, bestanden vielmehr nur noch als beeidigte unbesoldete Weinfaß=Messer, an deren Ausspruch Privatpersonen, wenn sie wollten, in streitigen Fällen appelliren konnten.

Im Jahre 1704 scheint wieder eine Verdopplung der Consumtionsabgabe auf den Wein beliebt zu sein;

4 *

wenigstens ist unter den Kellerpapieren wieder ein
Protest der Weinhändler gegen eine solche Verdopplung
der Abgabe aus diesem Jahre vorhanden.

Die Revenuen aus der im Jahre 1625 eingesetzten Consumtions-Steuer sollten, wie gesagt, ursprünglich zu militärischen Zwecken verwandt werden.
Ob aber auch schon von vornherein ein Theil
davon dem Weinkeller zufloß, ist mir ungewiß geblieben.
Jedenfalls war dieß später der Fall. In der letzten
Hälfte des siebenzehnten und während des achtzehnten
Jahrhunderts theilte der Weinkeller die aus der Wein-
Consumtion fließenden Revenuen mit der Consumtions-
kammer zu gleichen Theilen. Zuerst finde ich
dieß in einem Proklama des Senats vom Jahre
1687 ganz ausdrücklich gesagt. Aus einer unter den
Kellerpapieren vorhandenen Schrift könnte man sogar
schließen, daß der Antheil des Weinkellers an den
Consumtions-Revenuen bis zum Jahre 1731 im Weinkeller selber erhoben wurde. Ein Passus in dieser
aus der Mitte des Jahrhunderts datirten Schrift
lautet folgendermaaßen: „Bis zum Jahre 1731 sind
die Wein-Accise und Consumtion im Keller selbst
eingefordert und gehoben worden. Da aber einige
Debitores zuweilen im Bezahlen säumhaft und nachlässig gewesen sind, so haben die derzeitigen Weinherren
sich mit den Herren von der Consumtionskammer verabredet, und dieselben ersucht, die Einsammlung
zugleich durch ihren Wein-Visirer verrichten zu lassen
und dem Keller monatlich seinen Antheil einzusenden.

Für die Bemühung wurden jährlich wieder 29 Stübchen Rheinwein an die Consumtionskammer abgegeben."

Im Durchschnitt flossen dem Weinkeller aus dieser Quelle jährlich etwa 1200 bis 1500 Thaler zu. Mit der französischen Zeit und mit der Umwandlung des ganzen Abgabewesens hörte auch diese Revenue des Kellers auf.

4) Weinkranz=Gerechtigkeit.

Außer „dem Boden=Gelde", der „Accise" und seinem „Antheil an der Consumtion" genoß der Weinkeller als ferneres Accidenz auch noch die Revenuen aus der sogenannten „Weinkranz=Pflichtigkeit" der kleinen Wein= händler (oder „Weinzapfer"). Es war dies eine sehr alte Wein=Gewerbesteuer, deren Ursprung sich nicht mehr bestimmen läßt. Die älteste über sie in Bremen erlassene Verordnung, datirt vom 20. December 1635. Doch wird sie in derselben schon als „von Alters her üblich" bezeichnet. Nach dieser Verordnung, die auch in den späteren Weinordnungen des Senats (z. B. in der vom Jahre 1673) wiederholt ist, soll „Jeder, der über die Diele Wein auszuschenken gewillt ist, sich dafür zuerst die Erlaubniß von den Weinherren ver= schaffen, das Nöthige im Weinkeller bezahlen, und dann zum Zeichen, daß er die Erlaubniß habe, einen Kranz bei seinem Hause aushängen." Diese alte Ver= ordnung wurde sogar noch im Jahre 1834 fast un= verändert wieder erneuert.

Die Sitte beim Weinverkauf im Kleinen einen

Kranz auszuhängen, mochte mit den „Gästen" vom Rhein, wo sie uralt gewesen zu sein scheint, nach Bremen gekommen sein. Der sogenannte „Kranz" war anfänglich ein wirklicher Kranz aus Blättern oder Tannenzweigen oder anderem Pflanzengrün und daher der Name. Henderson in seiner Geschichte der Weine leitet den „Weinkranz" sogar aus dem Alterthum ab, und meint, daß er von den Epheukränzen stamme, mit denen die Griechen die Bildsäulen des Bacchus zu schmücken pflegten. Der Name „Kranz" blieb, obwohl nachher statt des grünen Laubes auch andere Zeichen, aus Holz geschnitzte und vergoldete Trauben oder „geschilderte Bretter" mit gemalten Trauben oder sonstigen passenden Inschriften an die Stelle traten.

Wer alle Sorten Wein verzapfen wollte, mußte mehr bezahlen, als wer sich nur auf die Verzapfung gewisser Weine oder bloß des Branntweins beschränken wollte. Jene mußten einen „gedoppelten" oder „einfachen Kranz" lösen; diese brauchten nur einen „halben Kranz" zu bezahlen. Die Höhe des Preises für die Kranz-Gerechtigkeit war natürlich zu verschiedenen Zeiten verschieden. Aus einem Dokumente von 1671 geht hervor, daß man in Bremen im 17. Jahrhundert für einen „einfachen Kranz" 14 Thaler bezahlte. Im Jahre 1700 wurde vorgeschlagen das Kranzgeld auf 50 Thaler zu erhöhen. Und dieser Satz hat bis auf die Neuzeit herab gegolten.

Die für die verkauften Kränze einkommenden Gelder gingen eben so wie das Bodengeld und die Wein-Accise das ganze achtzehnte Jahrhundert hindurch

an den Weinkeller, und es liefen dafür im Jahre
wohl einige hundert Thaler ein.

5) Strafgelder.

Schon in den ältesten Statuten der Stadt Bremen
aus dem vierzehnten Jahrhunderte werden diejenigen,
welche gegen die Weinordnung sündigen mit Geldstrafen bedroht. So soll namentlich jeder Private,
der gegen das Verbot Rheinwein in der Stadt verzapft 5 Mark Strafe bezahlen und ihm außerdem
sein Wein confiscirt werden. *) Eben so wird der,
welcher Claret (Gewürzwein) bereitet und verzapft
mit einer Strafe von 10 Marken bedroht.**) Dieselbe
Strafe traf den, der ohne dazu berechtigt zu sein
Branntwein verkaufte.***) Auch gab es schon 1450
Geldstrafen von 10 Marken für die, welche die Accise
für ihren Wein und Bier nicht richtig bezahlten, so wie
endlich auch die, welche im Stadtweinkeller sich un-
gebührlich betrugen und Gewalt übten mit Geldstrafen
belegt wurden. †) Als später die Weinordnungen
detaillirter und alle Bestimmungen über die Art und
Weise des Weinhandels genauer wurden, wurden auch
die Fälle der Belegung mit Geldstrafen häufiger. Wer

---

*) S. diese Statuten bei Delrichs l. c. S. 20 und S. 478.
**) S. Delrichs l. c. S. 660.
***) S. Delrichs l. c. S. 660.
†) Ein Beispiel davon vom Jahre 1342 [in Delrichs l. c.
S. 238.

seinen Weinkranz nicht zur rechten Zeit bezahlt und
aufgehängt hatte, sollte 50 Thaler Strafe bezahlen,
deßgleichen jeder Weinhändler, der seinen Namen bei
den „Weinherren" nicht habe eintragen lassen. Mit
100 Gulden Strafe wurden die Weinhändler bedroht,
wenn sie es versäumten zu rechter Zeit die ihnen
vorgeschriebenen Eide zu leisten. Und so gab es beim
Weinhandel noch viele andere Geldstrafen und Con-
fiskationen. Die Weinherren und ihre Unterbeamte
und später die Weinvisirer hatten diese Strafen ein-
zukassiren und die dadurch einkommenden Gelder flossen
in die Casse des Stadtkellers.

6) Lagermiethe.

Da die Privat=Weinhändler in alten Zeiten ge-
nöthigt waren, ihren Rheinwein im Rathskeller zu
lagern, was ihnen bei vielen Unannehmlichkeiten, doch
den Vortheil brachte, daß sie keine eigenen Räume dafür
zu miethen brauchten, so schien es billig, daß sie je
nach der Größe ihres Lagers im Keller, diesem dafür
eine Vergütung entrichteten. Es entstand daraus ihre
Verpflichtung zur Bezahlung der „Lagermiethe", die
dann ebenfalls zu den Accidenzien des Kellers gehörte.
Auch in anderen Stadtkellern, (z. B. in dem von
Lübeck) war eine solche Lagermiethe für die in ihnen
gezwungen gelagerten Weine der Privaten üblich. In
Lübeck verzichtete der Rath auf diese Abgabe sogar
dann noch nicht, nachdem den Weinhändlern schon
gestattet war, ihre Weine im eigenen Keller zu haben

Sie mußten auch dann noch eine „Kellermiethe" bezahlen, als wenn ihre Weine noch im Rathskeller lägen.*)

In andern Städten (z. B. in Berlin) brauchten sie in solchen Fällen, oder „auch wenn der Rathskeller voll war", und ihre Weine nicht aufnehmen konnte, nur die Hälfte der gewöhnlichen Kellermiethe zu bezahlen.

Schließlich mag ich noch anführen, daß der Bremer Rathskeller auch aus der Börse der Kaufleute einige Einkünfte genoß. Da er diese Börse, wie ich später zeigen werde, aus seinen Mitteln hatte bauen lassen, und da er auch alle bei ihr nöthigen Reparaturen zu bestreiten hatte, so flossen ihm auch die Gelder für die Vermiethung der Börsenräume zu, namentlich die aus der bei der Börse stehenden Marktbuden, so wie auch die Gelder für die Plätze in dem großen Börsen= saale selbst, die während der großen Bremer Messe, „Freimarkt" genannt, an Bijouteriehändler und andere fremde Kaufleute verpachtet wurden.

---

*) Wehrmann l. c. S. 77 und 78.

IV. Die Weinherren.

Die alten „Cellerarii" und „Weinherren" der Dom-Capitel. — Die ersten Nachrichten von einer den Weinhandel und den Rathskeller beaufsichtigenden Behörde. — „Der Wynmann." — „Der Kellermeister." — Zwei Weinherren um 1400 eingesetzt. — Die Weinherren sind ein bedeutendes Officium oder Amt des Senats. — Ihre mannigfaltigen Rechte und Pflichten. — Ihre Einkünfte aus dem Keller. — Statt ihrer in der Neuzeit: „Die Keller-Deputation."

Wie Wein = Monopole, Weinabgaben, privilegirte städtische Weinläger, so finden wir auch zur Beaufsichtigung und Leitung aller dieser Dinge in fast allen unsern Städten schon gegen Ende des Mittelalters eine eigene oberste Weinbehörde ausgebildet, und dieselbe überall mit ähnlichen Rechten und Pflichten ausgestattet. Fast überall bildete diese Behörde eins der großen Offizien der Stadträthe, bestand fast allenthalben aus zwei besonders dazu deputirten Mitgliedern des Raths, die auch meist denselben Titel: „die Weinherren" führten. Auch bei den Dom-Capiteln hatten schon von ältesten Zeiten her die „Kellermeister" (cellerarii) zu den Haupt = Aemtern des Capitels gehört. Mit Bezug auf diese hohe Bedeutung des

Weinherrenamtes, wird auch in den Bremer Keller-
papieren das ganze Weinkeller-Institut selbst häufig
„eine sehr honorable Station" genannt und mit ähnlichen schmückenden Epithetons bezeichnet.

In Lübeck, wo überhaupt die ganze Geschichte
des städtischen Weinkellers sehr hoch hinauf geht,
werden solche „Weinherren" aus dem Rathe schon im
dreizehnten Jahrhundert namhaft gemacht.*) In
Bremen finde ich erst im vierzehnten Jahrhunderte
die früheste ausdrückliche Erwähnung dieser Behörde,
obgleich sie auch da schon länger existirt haben mag.
Diese Erwähnung ist in zwei Artikeln der alten Bremischen Statuten aus jenem Jahrhundert enthalten.
In dem ersten dieser Artikel **), der vermuthlich in
die Mitte des vierzehnten Jahrhunderts (jedenfalls vor
das Jahr 1370) zu setzen ist, heißt es, „daß kein
Bürger Rheinischen Wein laufen lassen soll" o h n e
d e n R a t h m a n n, d e r i n d e m J a h r e z u d e r
S t a d t B e h u f s i t z e t", und es ist wohl ziemlich
sicher, daß unter diesem „zur Stadt Behuf sitzenden
Rathmann" niemand anders als ein Weinherr zu
verstehen sei. Dürfte man die Fassung des Artikels
streng nehmen, so könnte man schließen, daß es damals
nur erst e i n e n Rathmann für die Beaufsichtigung
des Weinhandels gegeben habe.

In dem zweiten Artikel, der im Jahre 1370
abgefaßt wurde, ist die rathsherrliche Weinbehörde

---

*) Wehrmann l. c. S. 76.
**) S. Oelrichs l. c. p. 20.

zwei Mal genannt. Es heißt darin, daß Niemand
Wein in Bremen verzapfen soll, „außer dem Wein=
Meister, welchen der Rath dazu gesetzt hat", und
ferner daß die fremden Weinhändler denjenigen Wein,
„welchen die Wein=Meister nicht kaufen wollten", für
ihre Rechnung in der Stadt verzapfen könnten. Daß
unter dem hier erwähnten „Wein=Meister" nicht etwa
ein Unterbeamter (ein Lagermeister oder Kellerhaupt=
mann), sondern die für den Weindeputirten Herren
vom Rathe selbst zu verstehen seien, scheint mir aus
dem Zusammenhange und aus andern Gründen gewiß.
Obgleich später der Ausdruck „Meister" wohl nicht
mehr von einem vornehmen Rathsherren gebraucht
wurde, so ist dies doch nachweisbar in früherer Zeit
oft geschehen. In Lübeck z. B. heißen die Weinherren
in alten Zeiten gewöhnlich „de win-mesters." *)
In dem Domcapitel zu Hildesheim stand sogar der Wein=
Meister über den „Wein=Herrn." Jener war der
Hauptbeamte und die Weinherren waren nur die ihm
adjungirten Mitglieder aus dem Capitel, die ihm beim
Ankauf der Weine mitberathend zur Seite standen. **)
      Ganz bestimmt erwähnt werden „zwei Wein=
herren" in einem um das Jahr 1400 abgefaßten
Artikel des sogenannten Denkelbuches des Raths zu
Bremen. Im Jahre 1398 hatte sich der Bremer Rath
über einen verbesserten Wahl=Modus und über eine neue
Einrichtung des Raths=Regiments geeinigt und eine neue

---

*) Nach Wehrmann l. c. S. 76.
**) Nach einer Mittheilung des Herrn Dr. Krätz.

Vertheilung der Aemter angeordnet, und dieß führte zur schriftlichen Eintragung einiger Punkte darüber ins Raths-Denkelbuch. In dem besagten Artikel, der überschrieben ist: „De Ampte bym Rade (die Aemter beim Rath) heißt es: „Ok schölet wezen twe Wyn- herrn, de der Stadt keller vorwaren un dar rekenschop van dun. (Auch sollen sein zwei Wein- herren, die der Stadt Keller verwahren und Rechen- schaft davon thun). Mit den Weinherren zugleich werden in demselben Artikel auch zum ersten Mal die „Mauerherren", „die Fischherren", die „Stallherren", welche das Befestigungswesen, die Fischereien und den Marstall der Stadt zu beaufsichtigen hatten, schriftlich genannt. Aehnliche Aemter gab es damals in allen Städten, in einigen, in welchen der Bierhandel sehr bedeutend und ein Monopol des Rathes war, (wie z. B. in Hildesheim) auch „Bier-Herren." Hie und da kommen auch „Brod-Herren" vor.

Von der bezeichneten Zeit an hat es nun in Bremen 400 Jahre lang bis auf die Neuzeit stets zwei Weinherren gegeben. Sie wurden beständig aus den Mitgliedern des Rathes genommen, und zwar so, daß einer derselben immer ein Bürgermeister, der andere ein Rathmann war. Ihr kurzer für den gewöhnlichen Gebrauch bestimmter Titel „Weinherr" wird unter Umständen auf verschiedene Weise um- schrieben. Wenn der Rath selbst von ihnen spricht, so nennt er sie wohl: „Unsere Verordnete Herren zum Weinkeller." Wenn die Weinherren sich zu unterzeichnen haben, so nennen sie sich: E. E.

W. Rathes und gemeiner Stadt Weinkellers Verordnete Vorsteher" oder auch: „Verordnete zu Eines
Edlen Hochweisen Rathes Weinkeller." In den Schriften
der Kellerhauptleute oder anderer Unterbeamten werden
sie wohl „Meine Herren Weinherren" betitelt.

Darüber nun, welche Pflichten und Rechte diese
Weinherren gehabt haben, finden sich freilich weder in
unsern Statuten noch sonst irgend welche genaue Bestimmungen. Alles, was darüber galt, ging aus der
Natur der Sache hervor und setzte sich allmählich
durch das Herkommen fest. Auch ist es hierin wohl
so ziemlich vierhundert Jahre hindurch unverändert
beim Alten geblieben. Aus den bei verschiedenen
Veranlassungen in den Kellerpapieren gegebenen Winken
und vorkommenden Bemerkungen ersieht man darüber
ungefähr Folgendes:

Vor allen Dingen hatten die Weinherren dafür
zu sorgen, daß für den Keller immer guter Wein in
reichlichen Quantitäten angekauft würde. In alten
Zeiten wurden ihnen die Weine durch die herum-
reisenden Gäste vom Rheine gebracht und in Bremen
selbst angeboten. Die Weinherren mochten dann auf
dem Weinmarkte selbst oder, wie es in vielen Städten
geschah, auf dem Rathause die Weine probiren und
ihre Wahl treffen. War der Stadtkeller verpachtet,
so hatte der Pächter für den Ankauf hinreichender und
guter Weine zu sorgen. Doch hatten die Weinherren
ihn dann immer zur Erfüllung dieser Pflicht anzu-
halten.

Seit dem Ende des sechszehnten Jahrhunderts,

wo das Verpachten des Weinkellers in Bremen aufhörte, und wo auch die Rheinländer ihren Wein nicht
mehr selber herbeibrachten, leiteten die Weinherren
dieses Geschäft durch einen Unterbeamten, den sogenannten Kellerhauptmann, von dem ich sogleich mehr
berichten werde. Sie sandten diesen Kellerhauptmann zu
Weinankäufen an den Rhein, wenn es ihnen gut
dünkte, nahmen die vom Senate dazu bewilligten
Gelder, wie es ihnen am besten schien, auf und fertigten dem Kellerhauptmann seine Pässe, Empfehlungs-
schreiben, Wechsel 2c. aus.

Zuweilen ist es sogar vorgekommen, daß die
Weinherren ihre eigenen Gelder zum Ankauf neuer
Weine hergaben oder die Capitalien dazu auf ihren
eigenen Namen und Credit aufnahmen. Dabei blieben
ihnen dann nach ausdrücklicher Bewilligung des Senats
die neuen Weine des Kellers „verpfändet." Dieß
geschah z. B. ein Mal im Jahre 1715, als beim
Rathe selber kein Geld zu finden war und die Weinherren auf ihr eigenes Risiko 10,000 Thaler für den
Ankauf neuer Weine beschafften.

Die Beamten des Kellers standen „unter den
Befehlen der Weinherren", gelobten auch in ihren
Diensteiden „ihren Weinherren gehorsam zu sein."
Diese schlugen Individuen, welche ihnen geeignet
schienen zu den Stellen vor, obgleich der Rath selbst
sich die schließliche Wahl vorbehielt und auch selbst
den Dienern den Eid abnahm.

Alle Gelder, die im Weinkeller im Laufe einer
Woche eingingen, wurden zunächst von dem Dienst-

perſonal des Kellers in eine verſchloſſene Kiſte, in
alten Zeiten die „pennig kyste“ genannt, geworfen.
Dieſe Kiſte, zu der die Weinherren die Schlüſſel hatten,
wurde am Ende der Woche geöffnet, das Geld von
den Weinherren ſelbſt gezählt und in Empfang genommen, um dann von ihnen von Zeit zu Zeit
entweder verzinslich angelegt, oder aber an den
„Camerarius“ oder die Rheder abgeliefert zu werden.
Alle Jahre ein Mal legten die Weinherren darüber
einer Commiſſion des Rathes Rechnung ab.

Unter der beſonderen Obhut der Weinherren
ſtanden die koſtbaren alten Weine des Kellers, namentlich die der ſogenannten „Roſe“ und die „Apoſtel-
weine.“ Zu den Kellerabtheilungen, in denen dieſe
Weine verwahrt wurden, hatten die Weinherren ſelbſt
den Schlüſſel. Nichts konnte von dieſen Weinen
verabfolgt werden, ohne ihren ausdrücklichen Befehl
dazu, und ſie ſelber mußten wieder zur Erlaſſung
eines ſolchen Befehls einen Beſchluß des Senats
abwarten. Auch durfte die Auffüllung der Roſen-
weine nur im Beiſein der Weinherren geſchehen.

Es war indeß nicht nöthig, daß ſich bei allen
dieſen Gelegenheiten immer be i d e Weinherren be-
mühten. Vielmehr war abwechſelnd nur einer von
beiden mit den laufenden Geſchäften des Kellers betraut, der dann „der b u c h h a l t e n d e Weinherr“
hieß.

Wie den Keller des Raths ſelbſt, ſo hatten auch

von Anfang an die Weinherren überhaupt den ganzen
Weinhandel der Stadt zu beaufsichtigen, die Abgaben,
denen der Wein bei seiner Ein- und Ausfuhr und bei
seinem Consum unterworfen war, durch ihre Unterbeamten (Weinvisire, Accisemeister 2c.) einzufordern.
„Niemand soll dem Weinmann entgehen", heißt es,
wie ich sagte, in dieser Beziehung schon in der Polizei-
ordnung von 1450. Alle Weinhändler und ihre Läger
standen unter ihrer Controlle. Besonders mußten sie
darauf achten, daß Niemand den Rathskeller-Privi-
legien zuwider Rheinwein innerhalb der Stadt verkaufe, und daß er denjenigen Rheinwein, den er
außerhalb der Stadt verkaufen wollte, nicht in seinem
eigenen Privatkeller behielte, sondern ihn, wie es vor-
geschrieben war, in dem Rathskeller unter Aufsicht
der Staatsbeamten deponirte.

Natürlich gingen auch die Vorschläge zu Ver-
änderungen und Verbesserungen in den Einrichtungen
des Weinhandels und des Rathskellers, so wie die
Projekte zu neuen Weinordnungen von den Weinherren aus, deren Propositionen dann nachher in den
Rathsversammlungen berathen, verworfen oder bestätigt
wurden. Vielen uns aufbewahrten Schriften, Entwürfen
und Aufsätzen der Weinherren verdanken wir auf diese
Weise die besten Nachrichten über die alten Verhältnisse des Kellers.

Auf der andern Seite genossen die Weinherren für die Erfüllung aller dieser Pflichten und
Geschäfte auch einige Vortheile. Sie erhielten zunächst dafür jährlich aus dem Keller ein Ohm

5

Rheinwein und dann auch noch an gewissen hohen
Festtagen, nämlich um Fastnacht, Laetare, Panthaleon
und einigen andern, zusammen 23 Stübchen. Außerdem aber hatten sie noch den sogenannten „Lich-
tungswein" zu genießen, d. h. bei jeder Revidirung
und Zählung des in der Weinkasse befindlichen Geldes,
was man „Lichtung" (Hebung) nannte, ein Stübchen.
Deßgleichen theilten sie mit ihrem Kellerhauptmann,
„was jährlich aus den ausgezapften ledigen Fässern
im Keller gelöst wurde", d. h. die sogenannten Hefen,
die man in Bremen „Druv" („trüben" scil: „Wein")
nennt. Dieser letzte Gewinn belief sich im Jahre
wohl zuweilen auf 100 Thaler. Endlich auch durften
die Weinherren noch jedes Mal, wenn sie in Geschäften
in den Keller kamen, die Weine beiläufig kosten, oder
sie hatten, wie man das nannte, „einen freien Trunk"
im Keller.

Es ist bemerkenswerth, wie auch in solchen
Details die Gebräuche aller Keller unserer Städte in
hohem Grade übereinstimmen. Mehr oder weniger
kann man Alles, was ich so eben von den Bremer
Weinherren bemerkte, auch bei denen von Braunschweig,
Lübeck und anderswo wiederfinden. Aber freilich gab
es dabei auch überall kleine Abweichungen. So z. B.
scheint in Lübeck der „Druv" (dort „Drusen" genannt)
ganz dem Kellerhauptmann zugefallen zu sein. Auch
hatten dort außer den Weinherren noch viele andere
Leute, z. B. der Fischmeister, wenn er Fische in den
Keller brachte, der Kerzengießer, wenn er Lichte ab-
lieferte, „einen freien Trunk", was ich in den Bremischen

Kellerpapieren wenigstens nirgends ausdrücklich angemerkt finde.

Da das Weinherrenamt überhaupt, wie gesagt,
ein so ansehnliches in unseren Städten war, so entschieden sie wohl hie und da auch Dinge, welche mit
ihrem Weingeschäfte in keiner directen Verbindung
standen. In Lübeck waren z. B. die Weinherren die
Richter bei den Streitigkeiten unter den „Spielleuten."
(Stadtmusikanten.)*) Sie scheinen zuweilen auch noch
sonst einige finanzielle und Verwaltungsrechte der
Stadt geübt und Strafen eingetrieben zu haben,
welche mit ihrer Weinkeller-Station nichts zu thun
hatten.

In einigen Städten, z. B. in Hamburg und
Lübeck hatte die Bürgerschaft schon im Laufe des
siebenzehnten Jahrhunderts das Recht errungen, aus
ihrer eigenen Mitte „bürgerliche Deputirte" den Weinherren aus dem Rathe an die Seite zu setzen. In
Bremen blieb die Sache länger ausschließlich in den
Händen des Senats. Die Behörde der rathsherrlichen
Weinherren bestand unverändert, — nur mit einer
Unterbrechung während der französischen Zeit, — bis
zum Jahre 1818, wo die alten „Weinherren" abtraten
und eine neue Administration durch eine gemein-
schaftliche Deputation aus Rath und Bürgerschaft
beschlossen wurde. Im Jahre 1822 trug die Bürgerschaft darauf an, daß die Diener des Kellers in ihren

---

*) Siehe darüber J. C. H. Dreyer Allgemeine Verordnungen
der Reichsstadt Lübeck. Lübeck 1769. S. 105.

5 *

Inſtruktionen und Eiden „nicht nur der angeord-
neten Commiſſion des Senats", ſondern auch dem
bürgerlichen Deputirten beim Weinkeller Gehorſam
geloben ſollten. Dieſe gemiſchte Deputation beſteht
noch bis auf den heutigen Tag fort, und hat im
Weſentlichen noch dieſelben Geſchäfte wie die alten
„Weinherren." Wenigſtens in Beziehung auf die
Verwaltung des ſtädtiſchen Weinkeller-Lagers. Die
polizeiliche Beauſſichtigung des Weinhandels der Stadt
iſt allerdings weggefallen.

V. Die Kellerhauptleute und ihre Knechte.

Verpachtungen und Verpfändungen des Kellers in alten Zeiten. — Der »Hövetmann«, die »Herren-Schenke.« — »Der Hoppmann.« — Fortlaufende Reihe salarirter Kellerhauptleute seit dem Ende des sechszehnten Jahrhunderts. — Rechte und Pflichten dieser Beamten. — Ihre Lebensläufe. — Ihre Schulung in alten Zeiten. — Beispiele davon. — Ihre Reisen zum Rhein. — Wie von ihnen die Transporte der Weine effectuirt wurden. — Ihre Geschäfte und Geschäftsfreunde am Rhein. — Ihre Pflichten im Keller. — Ihre Stellung in der Stadt. — Die Familie Wilhelmi. — Der Lagermeister in der Neuzeit.

Ohne Zweifel setzte man alsbald, nachdem ein Stadtweinkeller nebst Weinschenke und Weinverkauf etablirt war, auch einen Mann in den Keller, zur Betreibung der beim Lagern und Verkauf der Weine vorkommenden täglichen Geschäfte, welche die rathsherrlichen Weinherren wohl beaufsichtigen, aber selber nicht ausführen konnten.

Ueber die Benennung und Stellung, welche anfänglich diese Schenk- und Lagermeister des Stadtkellers gehabt haben mögen, ist uns keinerlei Aufzeichnung erhalten. Ich habe schon eben gesagt, daß

die in unseren alten Statuten vorkommenden Namen
„Wynmann" und „Wynmester" wahrscheinlich nicht
auf einen Aufseher des Lagers, sondern auf die Weinherren selber zu beziehen sind. Ob man in Bremen
gleich von vornherein, wie es anderswo, z. B. in
Lübeck der Fall gewesen zu sein scheint *), einen bestimmten besoldeten Beamten, einen sogenannten
„Kellerhauptmann", der wohl auch „ der Herren
Schenke " **) genannt wurde, gehabt habe, scheint
mir zweifelhaft. Wenigstens wird vor dem sechszehnten
Jahrhunderte kein solches Officium in Bremen erwähnt.
Es scheint, daß man dort von vornherein das Mittel
erwählte, den Keller an einen in der Weinhandlung
und im Weinhandel kundigen Mann zu verpachten,
zu welchem Mittel man in Lübeck erst später (im
siebenzehnten Jahrhundert) geschritten ist. ***) Möglich
ist es auch, daß wir uns denken müssen, daß man
nach Umständen wechselte und zuweilen den Keller
verpachtete und dann wieder, wenn es damit nicht
gehen wollte, einen Beamten anstellte, wie denn auch
in anderen Städten, z. B. in Lübeck solcher Wechsel
mehre Male statt gehabt hat.

Gewiß ist es nur, daß wir ein Mal schon am

---

*) Nach Wehrmann l. c. S. 79 und 80.

**) Auch in dem Domkeller zu Hildesheim wurd der unter
dem „Cellerarius" und unter den „Weinherren" stehende Lagermeister: „Weinschenke" oder „Weinschenker" genannt.

***) S. die Pächter des Kellers von Lübeck aus dem sieben-
zehnten und achtzehnten Jahrhunderte bei Wehrmann l. c. S. 103. ff.

Ende des vierzehnten Jahrhunderts, und dann wieder
im sechszehnten Jahrhundert den Bremer Keller verpachtet sehen, und daß er ein Mal im fünfzehnten
Jahrhundert auch verpfändet war.

Die erste Verpachtung ist deutlich bezeichnet
in einem Artikel der ältesten Bremer Statuten, der
wahrscheinlich kurz vor 1400 eingetragen wurde. *)
Dem Inhalte dieses Artikels zufolge hatte der
Bürger „Hermann Hemelingk" in der letzten Hälfte
des vierzehnten Jahrhunderts den Stadtweinkeller vom
Rathe in Pacht bekommen. Derselbe hatte aber diese
Kellerpachtung mit allen Rechten, die ihm der Rath
dabei zugestanden, wieder an andere abgetreten, erst
an „Herberde Dukelen" und dann an „Johan van Lese."
Beide letztgenannten geriethen darüber nun in Streit
und brachten ihren Proceß vor den Senat zur Ent-
scheidung. Beide bewiesen, daß sie von Hermann
Hemelingk ihr Recht auf die Kellerpacht richtig erhalten
hätten. Aber Herberde Dukelen that dar, daß dieß
Recht ihm von Hermann Hemeling früher gegeben
sei, und die Rathsherren entschieden daher, daß er

---

*) Es ist der Artikel, welcher überschrieben ist: „Sententia
super praescriptis verbis" ꝛc. bei Oelrichs l. c. S. 167. Daß
dieser Artikel um das Jahr 1400 herum zu setzen ist, geht daraus
hervor, daß sämmtliche 6 Senatoren, welche ihn unterschrieben
haben, um diese Zeit als im Senate sitzend, nachgewiesen werden
können. Das Jahr, in welchem sie alle zugleich im Regimente
waren, ist das Jahr 1399. Daher ich glaube, daß dieses Jahr
für den besagten Artikel anzunehmen sei. Auch die drei andern in
dem Artikel genannten Personen lebten um das Jahr 1399.

in seinem Besitze zu verbleiben habe, und daß Hemelingh
sich zuvor mit ihm auseinander zu setzen habe, wenn
er noch einen andern (Johan van Lese) in den Keller
setzen wolle.

Ich mag dabei noch bemerken, daß alle die genannten Personen (Hemelingh, Lese, Dukelen) bekannten
Geschlechtern angehörten, die damals sehr mächtig
waren, und daß aus diesen Familien sowohl vor als nach
1400 mehre im Rathe saßen, unter andern auch die
beiden um den Weinkeller streitenden Parteien Johan
van Lese und Herberde Dukelen selbst. Es scheint
darnach, daß damals die Geschlechtsverwandten des
Raths nach der Pacht des Kellers begierig waren,
und sie zuweilen erhielten. Da sie (die Pächter) den
Keller natürlich mit allen den Rechten, die der Rath
selbst im Keller ausübte, d. h. mit dem Rheinwein-
Monopole, den dem Keller gehörenden Accidenzien c.
bekamen, so mochten sie dann auch wieder das Recht
haben, Lagermeister und sonstige Gehülfen im Keller
nach ihrem Gutdünken anzustellen. Nur in Bezug auf
die Preise, zu denen sie die Weine verkaufen durften,
waren sie beschränkt; diese wurden ihnen vom Rathe
bestimmt.

Verpfändet waren der Keller und seine Einnahmen um das Jahr 1435 an Heinrich Baßmer,
dem Sohn des berühmten unglücklichen Bürgermeisters
Johann Baßmer. Es ist aus der Geschichte Bremens
bekannt, daß dieser Heinrich Baßmer durch Kaiser
Sigismund den Rath von Bremen wegen der unrecht-
mäßig confiscirten Güter seines Vaters zur Entschädigung

zwang. Die Verpfändung des städtischen Weinkellers
an ihn erfolgte, weil die Stadt zu geldarm war, die
Ansprüche Baßmers sofort zu befriedigen. *)

Wie lange dieß Verhältniß dauerte und welche
Verfügungen Baßmer im Keller traf, wird nirgends
gesagt. Doch sollen seit dieser Zeit die Nachkommen
Baßmers noch immer gewisse Vorrechte im Keller bean-
sprucht haben. Man sagt, daß jedes Mal, wenn das
Familienhaupt oder der Majoratsherr des Baßmerschen
Lehns im Keller erschien, er dort mit einem Weintrunk
und mit Illumination des Kellers aufgenommen werden mußte.

Um die Mitte des sechszehnten Jahrhunderts war
der Keller w i e d e r v e r p a c h t e t an einen Martin
Hemelingk, nach dessen Tode auch dessen Frau die
Pacht fortsetzte. Auch im Lübecker Keller sind zuweilen
die Wittwen der Pächter ihren Männern gefolgt. Ich
bemerke dabei, daß auch in dem genannten Jahrhundert
noch mehre Hemelingks im Rathe saßen. Da diese Hemelingks in zwei verschiedenen Jahrhunderten als Raths-
kellerpächter genannt werden, so könnte man fast
denken, daß diese Familie sich, wie später die Familie
der Wilhelmis mit einer gewissen Erblichkeit im Keller
festgesetzt hatte.

Im Jahre 1595 stellte der Rath einen festen
Beamten zur Beaufsichtigung des Weinkellers, seines

---

*) Fortsetzung der Rynesberch-Schenischen Chronik in Lappen-
berg Geschichts-Quellen des Erzstifts Bremen. S. 163. Auch
Renner's Chronik.

Handels und seiner Gerechtsame an. Und von diesem Jahre folgte dann über zwei Jahrhunderte hindurch ein salarirter Rathskellerlagermeister dem andern im Amte.

Der erste dieser Reihe von Beamten war ein gewisser Herr Daniel von der Horst, und in seiner uns aufbewahrten Bestallungsurkunde heißt es, der Rath bestelle ihn zu seinem „Weinmann“ und „Diener im Stadtkeller.“ Es scheint demnach, daß dieß der officielle Titel seines Amts gewesen sei. Doch zeigt sich in den Weinkellerpapieren auch neben demselben alsbald der später viel gewöhnlichere und bis in das jetzige Jahrhundert dauernde Titel: „Hopp-mann“ (der Hopfenmann).

Man sagt, diese letztere Benennung sei daher zu erklären, daß der Weinmann des Kellers zugleich auch der „Hopfenmann“, d. h. der Aufseher des Hopfen-lagers der Stadt gewesen sei. *) Durch eine verkehrte Auslegung und Uebertragung des plattdeutschen „Hopp-mann“ soll dann der hochdeutsche Titel „Haupt-mann“ entstanden sein. Da indeß auch in anderen städtischen Kellern, z. B. in dem von Lübeck der Lagermeister den Titel „Kellerhauptmann“ führte, so wäre es wohl möglich, daß auch in Bremen sich

---

*) Hierbei mag ich bemerken, daß im fünfzehnten Jahrhundert allerdings das Hopfenlager der Stadt sich eben so wie das Wein-lager auf dem Rathhause befand (nach dem Artikel 90 der kündigen Rolle von 1489. Oelrichs l. c. S. 706.) Es ist daher wohl möglich, daß der Rath beide etwas verwandte Branchen Hopfen- und Weinlager unter dieselbe Verwaltung stellte.

dieser Titel selbstständig und ohne Beihülfe des
„Hoppmann" ausbildete, und neben diesem in Gebrauch
kam. Gewiß ist es, daß seit dem Ende des siebenzehnten Jahrhunderts im gemeinen Leben „Kellerhauptmann" die gebräuchlichste Bezeichnung der
Charge war. Allerdings bedienten sich Schriftsteller,
die correct sein wollten, so wie auch der Rath in seinen
Bestellungen noch bis zum Jahre 1820 in ihren Aufzeichnungen und Schriftstücken des Titels „Hoppmann."

Der Senat gab von vornherein seinem „Wein-
mann" oder „Hoppmann", der allerdings mancherlei
Pflichten übernahm, eine ziemlich günstige Stellung.
Er bestimmte ihm die alte „Domus vinaria" am
Markte als seine Residenz mit freier Wohnung und
„mit Genuß der Heuer eines kleinen Hauses dahinter."
Dazu ein Gehalt anfänglich von 120, seit dem Jahre
1627 von 200 Thalern, und ferner jedes Mal, wenn
er eine große Reise an den Rhein zum Ankauf von
Weinen machen würde, 30 Thaler „zu einem Reisekleide", ferner auch noch 32 (seit 1689, 52 Thaler)
Kostgeld für jeden „Weinknecht", den er im Keller
unterhalten mußte, der aber dann noch vom Senat
besonders besoldet wurde. Außerdem aber auch ertheilte
er ihm noch einige schätzenswerthe Vorrechte, namentlich, daß er „von Accisen, Wachen, Bürgerwerken
und andern bürgerlichen Pflichten enthoben sein solle,
in allen den Zeiten und Fällen, in denen die Herren
des Raths von denselben frei seien." Dies Alles war
zu jener Zeit eine ziemlich reichliche Ausstattung.

Da der Rathskellerhandel das Hauptweingeschäft

in der Stadt war, und da außerdem von da aus
durch Vermittlung des „Hoppmanns" die übrigen
Weingeschäfte vielfach überwacht und dirigirt wurden,
da er die „Weinaccise", das sogenannte „Bodengeld",
die „Kranzgelder" und andere Abgaben einzufordern
hatte, da auch ein Theil der Weinläger der privaten
Weinhändler (ihr Rheinwein) bei ihm im Stadtweinkeller unter seiner Aufsicht lag, so machte dieß Alles
natürlich den Kellerhauptmann zu einer nicht unwich-
tigen Person in der Geschäftswelt. Dazu gaben ihm
die bedeutenden Geschäfte, die er im Namen des
Kellers abschloß, noch wohl sonst manche Gelegenheit
zu indirektem und nicht unerlaubtem Gewinne, und
es war daher kein Wunder, daß, wenn die Stelle
einmal leer wurde, es an zahlreichen Bewerbern für
sie nicht fehlte. Wenn man die Liste der Namen der
verschiedenen Inhaber übersieht, so findet man darunter mehre fremde und dem Anscheine nach auch
ablige Namen, außer dem schon genannten „Herrn
von der Horst", auch einen „Herrn de Neufville",
einen „Le Turk" 2c.

Zuweilen lebten denn auch diese Kellerhaupleute
im siebenzehnten Jahrhunderte „wie die Herren." Einem
derselben, der vom Rathe wegen der theuren Zeiten
(ungefähr um 1680 herum) eine Erhöhung seines
Gehaltes verlangt hatte, wurde von Seiten der seine
Lage untersuchenden Rathsmitglieder vorgeworfen,
„er halte sich köstliche Schlitten, — ein Pferd, dessen er
sich zum Ausreiten bediene und dazu kostbare Schab-
beraquen, die jede wohl über 100 Thaler zu kosten

scheine. Er habe sich die feinsten damastenen Servietten und wullenen Paruynen von außen bringen
lassen. Er gehe auf die Dantz= und Fechtschulen und
habe auf den Dantzbodens theure Mascaradenkleider
machen lassen und habe mit ihnen gestutziret. Dabei
sei er so hochmüthig und stolz geworden, daß er
kaum regratulire und den Huth abnehme, wenn er
gegrüßt werde, und daß er sogar auf der Börse
einige Leute sehr gering zu achten scheine. Da sei es
kein Wunder, daß er bei seinem Salaire nicht reich
werden wolle, wie es doch alle seine Anticessoren ge=
worden seien."

Freilich waren denn auch, wie gesagt, die
Pflichten und Geschäfte eines Weinkeller=
hauptmanns und die Anforderungen, die man an
ihn stellte, sehr zahlreich. „Er solle", so heißt es in
den vom Senate ausgestellten Bestallungsbriefen aus
dem sechszehnten und siebenzehnten Jahrhunderte, „sich
täglich fleißig im Weinkeller befinden lassen, solle auch
auf alle und jede Stücke Weins gute Aufsicht haben
und tragen, und den Keller mit aller Nothdurft jeder Zeit
versorgen. Den Herren des Raths und auch andern
vornehmen Bürgern und Männern solle er persönlich
aufwarten, sonst aber gute, verständige und so viel
möglich treue und fleißige Knechte und Jungen halten,
so nebenst ihm gute Aufsicht mithaben und jeden mit
gebürlicher Bescheidenheit den Wein bringen mögen.
Das Geld, das jeden Tag für die Weine und für
Kringeln und Pfefferkuchen einkomme, solle er des
Abends spät oder des Morgens früh in die „Lahde",

wozu die verordneten Weinherren den Schlüssel hätten,
selbst einwerfen, damit es wöchentlich daraus genommen, gezählet und an andere Orten verwahrt werden
möge. Ganz besondere Obacht soll er bei Auffüllung
der Weine und namentlich derer, welche in der sogenannten „Rose" verwahrt liegen, haben und dieselben
in Gegenwart der Weinherren werkstellig machen, das
aufgefüllte Quantum verzeichnen, nichts aber unter
die Füllweine rechnen, was dazu nicht gehörig. Die
Auffüllung der Weine in der Rose soll wöchentlich
(später monatlich, dann vierteljährlich) geschehen, und
dabei soll jedenfalls der Kellerhauptmann immer in
Person zugegen sein, und soll sehen, daß Niemandem
davon ohne Vorwissen der Weinherren verabfolgt
werde, auch den Schlüssel zur Rose sofort nach geschehener Auffüllung den Weinherren wieder abliefern*).
Auch auf Licht, Feuer und sonsten soll er im Keller
gute Aufsicht führen und darauf sehen, daß Alles im
Weinkeller, absonderlich in denen „Logimentern"
(kleinen Trinkstuben) fein säuberlich und rein sei, daß
Kannen, Krüge, Gläser und alles Geschirr wohl ge-
schwenkt und auch wohlriechend sei. Er soll ferner
auch alle die Weine, so von den Bürgern, Wein-
händlers oder Weinzapfers zur Stadt gebracht werden,
noch ehe dieselben vom Wagen abgeladen, fein rich-
tiglich verzeichnen, in ein sonderlich Buch tragen, die
Accise davon abfordern und darüber Rechnung halten,

---

*) Dies Alles kommt namentlich in der Bestallung des Herrn
be Neuville von 1713 vor.

und überhaupt von Allem, was gekauft und verkauft
worden, den verordneten Weinherren guten Bescheid
und Rechnung thuen. Dafür soll er aber mit keinerlei
Weinen vielweniger aber mit Brandtwein, weder mit
großen noch mit kleinen Fäßlein oder Maaßen, handeln und überhaupt nicht die allergeringste Negotia
treiben. Von Zeit zu Zeit soll er an den Rheinstrom
reisen, um dort die besten Weine selber aus den besten
Quellen zu kaufen. Und über dies Alles soll er, ehe
er in's Amt tritt, einen körperlichen Eid leisten, und
auch, damit der Senat seiner Dienste desto mehr versichert sei, einen Bürgen auf 2000 ₰ (zuweilen werden
4000 ₰ verlangt) stellen. Ingleichen sollen sich auch
seine Knechte mit einem körperlichen Eide verpflichten."

Um allen diesen Pflichten genügen zu können,
mußte natürlich ein solcher Kellerhauptmann mancherlei
Eigenschaften und Kenntnisse besitzen. Vor allen Dingen
mußte er das ganze Weingeschäft, namentlich aber
den Handel mit Rheinweinen und die Behandlung
derselben gründlich kennen, und dabei wo möglich von
der Pike auf gedient haben. Wie strenge man es
dabei nahm, und welche Studien, Befähigungen und
Uebungen man in dieser Beziehung schon im sechszehnten und siebenzehnten Jahrhundert verlangte, ersieht
man am besten aus den Schriften und Curriculis
vitae, welche die Aspiranten dem Senate vorlegten
und mit denen sie sich zu der Stelle empfahlen.

„Er habe", so sagt einer dieser Aspiranten (ein
gewisser Schönemann) um die Mitte des siebenzehnten
Jahrhunderts, „von Jugend auf zum Weinhandel die

größte Lust gehabt, und daher zuerst zu Amsterdam
die französische und holländische Sprache, Rechenkunst
und das Buchhalten fertig begriffen. Darauf habe
er das Faßbinderhandwerk zu Frankfurt am Main
ehrlich erlernt, wie sein Lehrbrief ausweise. Hernach
habe er in Elweldt „(richtiger Elfeldt, Eltville) der
Hauptstadt des Rheingaus, der alten Residenz der
Bischöfe von Mainz, „bei einem der berühmtesten
Faßbänderer, welcher damals der vornehmsten Weinhändler Commissionen gehabt, gearbeitet und in seiner
Profession auch exercirt. Darauf habe er bei verschiedenen der vornehmsten Rhein-Wein-Händlers sowohl
in Deutschland als auch in Stockholm einige Jahre
vor Diener servirt und für selbige am Rheinstrohm
zu Bacharach und sonderlich im ganzen Rheingau
verschiedene große Partheyen Wein erkauft, allda
vielfältige Wein-Märkte und Wein-Auktionen besucht
und Einkäufe helfen contrahiren und schließen, selbigen
oft und viel beigewohnt und auch also die vornehmsten
Orte und Länder, wo die besten Weine wachsen und
um die wohlfeilsten Preise zu haben und gekauft
werden müssen, wohl erkundigt, bis er sich auf diese
Weise kapabel gemacht, seine eigene Handlung in
Cassel anzufangen und den hochfürstlichen Hof daselbst
mit Wein zu versehen. Er habe auch im verflossenen
Monate April auf hochfürstliche Gnädige ihm auf-
getragene importante Commission über 200 Stück
Faß Wein in der Stadt Mainz gekauft und zum
hochfürstlichen Vergnügen geliefert. Dieweil er denn
nun bei so geschaffenen Dingen sich getraue die

erledigte Hauptmannsstelle in dero Magnificenzen und
Herrlichkeiten zu Bremen berühmtem Weinkeller mit
großem Nutzen und Vortheile zu versehen, so habe er
nicht anstehen wollen, unterdienstlich zu bitten, ihm
diese Stelle übertragen zu wollen.«

　　Im Jahre 1689, wo wiederum die Kellerhaupt-
mannsstelle erledigt war, stellt sich ein anderer Candidat,
ein gewisser Johann Ehrhardt, vor und bittet um die
Verleihung derselben, »indem er schon von Jugend
auf beim Weinhandel umbgegangen sei, nicht allein
das Faßbänder=Handwerk gelernet und darauf gereiset,
sondern auch nachher bei Seiner Hochfürstlichen Durch-
laucht Herrn Anton Ulrichen, Herzogen zu Braunschweig
und Lüneburg 5 Jahre als „Weinschank“ und dann
als „Kellermeister“ im Dienste gewesen sei. Von da
sei er nach Hildesheim in Eines dortigen hochweisen
Rathes Weinkeller gefordert worden, woselbst er ein
weitläuftiges Lager unterhanden gehabt und 8 Jahre
lang Rechnung geführet, auch jährliche Reisen an den
Rhein=Strom gethan und dadurch der Orte dergestalt
kundig geworden, daß im ganzen Rheingau kein Dorf
sei, welches ihm nicht bekannt und von welchem er
nicht sagen könne, was bei des Ortes Weinwuchs zu
schaffen wäre. Als sein Vater in Straßburg ihn
dahin gerufen, um ihm seinen Wein= und Essig=Handel
zu führen, sei er Anno 1680 dahingegangen. Wie
aber die gute Stadt Straßburg im folgenden Jahre
leider in der Françoisen Hände gerathen, habe er
seine Wohnung Anno 1682 nach Worms transferiret.
Daselbst aber habe er im jüngst abgelegten Herbste 1688

6

der Françoisen Tyrannei zu seinem Unglück erst recht
erfahren müssen. Selbige hätten dort Alles zerstört und
auch sein Haus sei dabei zu einem Schutt- und Aschen-
haufen geworden. Er selber habe wohl für 10,000 ₰
Schaden an Wein und Essig dabei gelitten und bäte
nun um die Hauptmanns-Stelle in dem berühmten
Keller zu Bremen."

Aber nicht nur die Kellerhauptleute, sondern auch
die ihm untergebenen „Rathskeller-Diener", wenn sie
sich zu ihrem Amte melbeten, wurden fleißig geprüft,
ob sie die gehörigen Qualitäten dazu besäßen. Sie
mußten auch, — in späterer Zeit wenigstens, — dem
Rathe ihre Handschrift vorlegen, und hiebei wurden
sie dann in dem Eifer, die Stelle zu erhalten, zuweilen
wohl ganz poetisch und philosophisch. Einer derselben
empfahl sich den Herren vom Rathe mit folgenden
sorgfältig von ihm gewählten und kalligraphisch untadelig
ausgeführten Sprüchen:

> „Wer mit Vernunft erwägt den
> „Wechsel aller Sachen,
> „Den kann das Glück nicht stolz, kein
> „Unglück zaghaft machen."

Dies schrieb er mit deutscher Schrift, und dann
fügte er noch mit lateinischen Lettern den Vers hinzu:

> „Was du als Zinsen deinem Geiste leihest,
> „Das ist und das nur bleibt dein Eigenthum."

In alten Zeiten, so im Jahre 1498, fand sich
unter diesen Knechten einer, der „de Wynröper"
(der Weinrufer) hieß, und dessen Geschäft es war neu
angelangte Weine in der Stadt auszurufen, eben so

wie noch jetzt frische Fische durch eine dazu bestimmte Person ausgerufen werden. In Bremen wurden diese Unterbeamte des Kellers immer nur mit dem Ausdruck „Knechte" und „Jungen" bezeichnet. In Lübeck hießen sie „Bänder" (oder „Binder") und „Zapfer" und einer von ihnen hatte den Titel und das Amt des „Malvasier = Zapfers." Im Keller zu Hildesheim hießen sie „Wyn = Pütker" oder auch „Küper."

Jene den Kellerhauptmanns=Candidaten und ihren „Knechten" abgeforderte Bekenntnisse und Examina, deren man, wenn es nicht zu weitläuftig wäre, noch mehre produciren könnte, sind an und für sich merk= würdig und lassen nebenher manche interessante Blicke in den Handel und Wandel der damaligen Zeiten thun.

Sie zeigen aber insbesondere, wie genau man es mit denjenigen Leuten nahm, denen man die Erziehung so kostbarer Bachusgaben anvertrauen wollte, wie es die in den „Zwölf=Apostel=Fässern" zu Bremen gebet= teten Weine waren. Man begreift es auch, daß unter der Pflege so gut geschulter Männer am Ende eine so weit in die Welt hinaus duftende Bremer „Rose" hervorblühen konnte. Einer der wichtigsten Punkte war dabei, wie man sieht, eine tüchtige Kenntniß des Rheins, seiner Weinberge, Weinmärkte und sonstigen Gelegenheiten. Und so waren denn auch ihre häufigen „Reisen zum Rheinstraumb" und namentlich „ins Rynkow" (in den Rheingau) einer der „impor= tantesten" Theile ihrer Funktion. Sie waren ver=

6*

pflichtet — in ihren Bestallungs-Patenten ist das besonders erwähnt, — diese Reisen regelmäßig von Zeit zu Zeit zu unternehmen, um den Keller nach seiner Nothdurft zu versorgen und den beständigen Abgang an Weinen durch neue Einkäufe zu ersetzen. Aber zuweilen in außerordentlichen Fällen mußten sie sich auch ganz plötzlich „auf Befehl der Herren Wein- herren" aufs Pferd setzen und „hinaufreiten zum Rheinstrom", um sofort einige Einkäufe zu machen.

In dem einen Jahre hatte man schon im Frühling vernommen, „daß der Weinstock am Rhein wohl verblühet sei und bis dato nach Wunsche stehe." Und dann im Herbste desselben Jahres kam die Nachricht herab, „daß nun am Rhein Alles von schönen Weinen überfließe und man dort nicht Fässer genug habe, um den reichen Segen zu bergen." Schnell wurden dann die Herren Weinherren, „nachdem sie diese Zei- tungen dem Senate referiret", bevollmächtigt, 8 bis 10,000 ℳ (so im Jahre 1689) aufzunehmen, um von der Conjunktur zu profitiren, und rasch wurden dem „Weinmann" seine Pässe ausgefertigt, um an den besten Quellen den besten Wein zu schöpfen.

In einem andern Jahre hatte man dagegen ge- hört, „daß es droben schlimm stehe, daß man die Françoisen erwarte und daß im nächsten Frühling am Rheinstraumb wohl Alles wieder drüber und darunter gehen werde." Auch dann durfte der Bremer Wein- mann nicht säumen und eine beschwerliche Winterreise nicht scheuen, um noch bei Zeiten seine Einkäufe zu machen. Zuweilen auch meldete wohl ein großer

Weinbergbesitzer am Rhein dem Bremer Senate in einem vertraulichen Briefe, „daß sein Herr Schwiegervater einen Keller mit 200 Stück der kostbarsten und edelsten Weine hinterlassen habe, daß dieses Lager, welches nächstens zum Verkauf kommen würde, eine Perle unter allen Kellern am Rhein sei, und daß die Käufer, die darum buhlten, ohne Zahl wären. Holländer, Engländer, so wie auch der Markgraf von Ansbach und selbst der Kurfürst von Mainz hätten ein Auge darauf geworfen. Aber er, (der Verfasser des Briefes) gönne diesen herrlichen Vorrath vorzugsweise denen Herren von Bremen, ihren berühmten Keller damit zu zieren." Auch in einem solchen Falle, — wie denn noch bei vielen andern ähnlichen Gelegenheiten, die ich hier übergehe, — mußte der Bremer „Hopfenmann" wieder satteln und schnell „hinauf" nach Frankfurt oder Mainz.

Wie gesagt bekam er jedes Mal bei solchen Reisen vom Senate 30 Thaler zu einem Reisekleide,*) wobei er dann noch außerdem seine Zehrungskosten während der Reise in Rechnung bringen durfte. 30 Thaler waren im siebenzehnten Jahrhundert wohl etwa so viel wie jetzt 60 oder noch mehr, und es scheint dies ziemlich reichlich für ein bloßes „Reisekleid" Aber

---

*) „Reisekleider" gaben die Senate unserer Städte im Mittelalter häufig ihren zu Reisen verpflichteten Beamten, z. B. auch dem „Raths=Sekretarius." Siehe ein Beispiel in „Hamburgische Geschichte und Denkwürdigkeiten von Dr. O. Beneke. Hamburg 1856. S. 41.

vermuthlich war darunter die ganze Ausrüstung des
Kellerhauptmanns zu verstehen, und diese war in
damaligen Zeiten allerdings weitläuftig genug. Was
verriß er nicht unterwegs an Zaum- und Sattelzeug
für sein Pferd. Für sich selbst brauchte er nothwendig
einen dicken Ueberwurf oder Friesrock und dann noch
in den kalten Wäldern und Bergen des Hessenlandes,
die er passiren mußte, einen hinten aufgeschnallten
zwölf Ellen weiten Mantel, der in Schnee und
Regenwetter ihn und sein Pferd und alle Dinge,
mit denen es bepackt war, decken konnte. Zur
Vertheidigung seiner Person hatte er zwei Pistolen
mit Zubehör nöthig, die vorne in dicken Bärenfell-
taschen steckten, und außerdem schnallte er sich
auch noch einen langen Säbel um. Mitunter auch
nahm er noch seinen Weinknecht mit, der dann, wie
es scheint, ebenfalls von jenen 30 Thalern ausgerüstet
werden mußte. In einer langen ledernen, in seinem
Mantelsack versteckten Geldkatze hatte er oft ziemlich
bedeutende Summen baaren Geldes bei sich. Denn
Wechsel waren, wenigstens im sechszehnten Jahrhundert
in Bremen noch nicht sehr allgemein. Auch hielt der
Senat von Bremen, wie man aus mehreren Hin-
deutungen ersehen kann, stark darauf, daß sein
„Weinmann“ alle seine Einkäufe immer „baar in
klingender Münze“ bezahle. Doch gab er ihm zu Zeiten
auch noch, um ihn und sein Pferd nicht zu sehr mit
Gold und Silber zu beschweren einen Creditbrief mit,
und ein solcher Creditbrief (aus dem Ende des
sechszehnten Jahrhunderts) lautete dann so:

„Urkundt Senatus, Ihren Weinmann Daniel von der Horst mitgegeben, uffen Fall er Gelts benöthigt, desselben uffzunehmen. Wyr Bürgermeister und Rath der Stadt Bremen thun Allen und einem Jeden, so diesen unsern offenen Schein ersehen, zu wissen, was maßen wir gegenwärtigen Briefes-Inhaber, unseren Weinmann Daniel von der Horst, hinaufgeschickt, und berechtigt, etliche Stück Weins zu behuf unseres Stadtweinkellers einzukaufen, ihm auch zu dem Behuf etliche Pennige *) übermacht. Als sich aber begeben könnte, daß ihm etwa Gelegenheit vorfallen möchte, mehr Wein einzukaufen, und er zu dem Behuf etliche Gelder unserthalben aufzunehmen verursacht wurde, — als gelangen demnach an alle und jede, **) so er etwa deßwegen ersuchen würde, hiermit unser dienstliches Bitten und freundliches Begehren, man wolle gegenwärtigen Briefes-Zeigern an Geld ein dusend daler oder nach Gelegenheit vierzehn, oder funfzehn hundert ***) Daler auf unsern guten glauben und baare zahlung gutwillig leihen und vorstrecken.“

---

*) Wird wohl eine handliche Summe gewesen sein. Aber der vorsichtige Senat wollte wohl, indem er bloß von „etlichen Pennigen“ sprach, niemand nach den Goldstücken seines Weinmannes lüstern machen. Uebrigens hätte er eigentlich gar nicht nöthig gehabt, in diesem Creditbriefe auf das baar mitgegebene Geld anzuspielen, da es ja doch dem Darleiher keine Sicherheit gab.

**) So allgemein, ins Blaue und in das große Weltpublikum hineingreifend, werden wohl schwerlich die Creditbriefe noch jetzt ausgestellt.

***) Wenn der Senat seinem Weinmann bis zum Belaufe

Mit solchen Briefen ausgestattet, und zuweilen
auch sonst noch „an etliche vornehme Kaufleute in
Ffort" (Frankfurt) empfohlen, ritt dann der „Weinmann Daniel" oder „der Diener Peter Flachs", oder
wer nun gerade Kellerhauptmann war, hinauf, um
bei „Herrn Christoffer Hoherath zu Mentz" (Mainz)
oder bei „der Wittwe Emerich in Mentz", oder „bei
Herrn Stubenrauch" oder dem „Herrn Küropt" oder
„dem Herrn von Dalberg daselbst" oder im „Delsan-
schen Keller in Hochheim" oder in einem der andern
der „höheren Orte" seine Einkäufe zu machen. Der
erstgenannte Herr Christoff Hoherath war ein großer
Weinhändler am Ende des sechszehnten Jahrhunderts,
die andern Firmen werden in spätern Zeiten gelegentlich
genannt. Mit einigen dieser großen rheinländischen
Kellerbesitzer und Weinhändler standen unsere Weinherren, Kellerhauptleute und ihr Weinkeller in beständiger und lange dauernder Verbindung, und es
entwickelte sich dann wohl, wie es zwischen Kaufleuten
und ihren alten treuen Kunden zu gehen pflegt, neben
dem Geschäftsverkehre auch ein gewisses freundschaft-
liches Verhältniß zwischen ihnen, was sich dann und
wann durch gegenseitig übersandte Grüße und Ge-

---

von 1500 ℔ creditiren wollte, so hätte er füglich die 1400 und
1000 ℔ unerwähnt lassen können. Man wird aber die Naivität
der ganzen Denk- und Schreibweise dieser überflüssig vorsichtigen
und sparsamen Alten, denen beim Zählen die Goldstücke an den
zögernden Fingern klebten, und die nicht leicht dazu gebracht
werden konnten, eine so große Summe wie 1500 ℔ rundweg und
auf ein Mal auszusprechen, charakteristisch finden.

schenke bethätigte. Noch heutzutage pflegen ja wohl die
Kaufleute und namentlich die Weinhandlungen ihren
Kunden im Oberlande zu gewissen Jahreszeiten kleine
Präsente zur Auffrischung der alten Freundschaft und
Verbindung zu übersenden. Dieselben bestehen jetzt
meist in einem Körbchen Hummer oder Schellfische
oder andern derartigen Delikatessen, wie man sie von
einer Seestadt erwartet. Auch der Senat von Bremen
bedachte schon im sechszehnten Jahrhundert die Geschäftsfreunde seines Kellers in ähnlicher Art.

Doch mochte die langsame Weise des damaligen
Verkehrs „frische" Schellfische, Austern und dergleichen
Geschenke verbieten. Man griff daher zu solideren
Gaben, z. B. zu einigen tüchtigen Marsch-Ochsen oder
Kühen, die sich ganz gut selbst völlig frisch bis zum
Rhein hinbringen konnten. So wurden ein Mal im
Jahre 1597 von Seiten des Senats durch die Weinherren und den Kellerhauptmann eben jenem oben-
genannten „Christoffer Hoherath, Bürger und Weinhändler zu Menz, davor, daß er des Orts jährlichs
etliche Weine einzukaufen und für den Kellerhauptmann
zu Bremen parat zu halten pflege, wie auch zur Anzeigung eines dankbaren Gemüths ein schönes Rind
und zwei junge Kühe alle drei schier roth und mit
weißen Köpfen verehret."

Dies waren ziemlich umständliche Präsente; denn
die Rinder brauchten doch wohl einige Wochen, bis
sie sich zum Rheine hinaufgegrast hatten. Zwar wäre
es noch ganz leidlich gegangen, wenn sie nur immer
so ruhig hätten weiter grasen können. Aber wie übel

ging es nicht solchen vom Bremer Senate zum Rhein
gesandten fetten Marsch-Rindern in jenen Zeiten, wo
jeder Spaziergang, jede Wanderung im lieben deutschen
Reiche ein „Wettrennen mit Hindernissen" war, wo
es auf Schritt und Tritt Zölle und zahllose Barrieren
und harpyenartige Wegelagerer aller Art gab! Die
im Jahre 1597 für „Herrn Hoherath" bestimmten,
geriethen schon bei der Porta Westphalica in die
Klauen Seiner fürstlichen Gnaden des Bischofs von
Minden. Der Bischof hatte in jenem Bergthore,
welches damals der „Paß von Hausbergen" hieß,
eine Wache aufgestellt, die in seinem Namen einen
Zoll von allen passirenden Dingen einforderte und
diejenigen todten oder lebendigen Gegenstände, welche
den Zoll „nicht gutwillig bezahlt hatten", confiscirten.
Was der gute Bürger Lüter Hoyer, den der Bremer
Senat mit dem Transporte der drei „weißköpfigen"
Rinder nach Mainz beauftragt hatte, sich dabei zu
Schulden kommen ließ, wird Einem aus den Akten
nicht recht klar. Aber Hoyer meldete nach Bremen,
„er sei mit seinem Vieh von des Bischofs Leuten
arrestiret."

Der Senat richtete nun zwar alsbald „ein unterdienstliches Schreiben und Ansuchen an den hoch-
würdigen und hochvermögenden Fürsten Bischof zu
Minden", setzte ihm darin sein Verhältniß zu dem
Weinhändler Hoherath in Mainz auseinander, stellte
ihm auch vor, wie die drei Rinder, die er ihm genau
beschrieb, nicht zum Handel, sondern nur als Geschenk
„zur Anzeigung eines dankbaren Gemüths" nach Mainz

hinaufgesandt seien, wie auch daß sein Bürger Lüter
Hoyer, der sie habe treiben sollen, „nicht studiose
und dolose, sondern nur ganz unversehens den Paß
und Zoll von Hausbergen habe vorübertreiben wollen,
völlig unwissend, daß derselbe Seiner fürstlichen Gnaden
gehörig sei. Sie bäten daher, daß der Bischof gegen
Zollerledigung das unschuldige Vieh wieder freilassen
wolle."

Der Bischof beantwortete indeß dies Schreiben
gar nicht, und da die Herren von Bremen lange Zeit
vergebens auf eine Erwiederung geharret hatten, und
die armen Rinder noch immer in der Porta in Arrest
standen, so mußte der Senat sich zu einem zweiten
Briefe entschließen, in welchem er dem Bischof die
ganze Sache noch einmal des Breitern auseinander-
setzte und sich gegen ihn zugleich darüber beklagte,
„daß sein unterdienstliches Ansuchen bei Seiner hochfürstlichen Gnaden nicht allein keine Statt, und Raum
habe gewinnen wollen, sondern man dasselbe auch
nicht einer wenigen Antwort gewürdigt habe, (was
er, der Senat, vor dieß Mal an seinem Ort gestellt
sein lassen wolle.) Man erwarte um so mehr, daß
der Bischof die Rinder frei geben würde, da man ja
auch in der Stadt Bremen Alles, was er, der Bischof,
daselbst zum Behuf seiner Hofhaltung ankaufe, frei durch-
lasse. Hierauf setzten endlich die Räthe des Bischofs die
Feder an, entschuldigten das Stillschweigen ihres Herrn
erstlich damit, daß er von Minden abwesend in einer
entfernten Gegend auf der Jagd oder im Kriege gewesen sei, bedauerten dann aber zugleich, „daß die Kühe

„der Ehrbaren und Wohlweisen günstigen Herren und
guten Freunde zu Bremen arrestirt und confiscirt
bleiben müßten und nicht restituirt werden könnten,
weil es nur zu offenbar sei, daß ihr Bürger Lüter
Hoyer das Vieh allerdings dolose und studiose beim
Zoll habe vorbeitreiben wollen, da ja ein Zollbrett
gerade am Wege in Mitten des Bergpasses und von
jedermann zu sehen befestigt sei, und die prätendirte
ignorantia mithin überall nur affektiret sein könne.“
Hiermit mußte sich, so scheint es, damals der Rath
von Bremen begnügen, und auch der arme Mainzer
Weinhändler, Herr Hoherath, mußte sich den Appetit
zu den fetten Rinderbraten aus der Marsch vergehen
lassen. Wenigstens finde ich der Sache nachher weiter
keine Erwähnung gethan.

Eben so viel oder noch mehr Händel und Mühe
als mit ihren Präsenten hatten die Weinherren und
ihre Kellerhauptleute dabei, ihre schönen Weine, die sie
am Rhein aufgekauft hatten, glücklich durch alle der
zwischenliegenden Herren Länder zur Stadt und in ihren
Keller zu schaffen. Der gewöhnliche Weg, auf welchem sie
dieselben bezogen, war der auf der großen Heerstraße
von Frankfurt über Kassel zu Lande. Bei hannöversch
Münden, wo man den „Weserstraumb“ erreichte,
wurden sie dann wohl eingeschifft, und zu Wasser
nach Bremen transportirt. Aber an der Weser gab
es außer einer Menge flacher im Sommer kaum
fahr- und passirbarer Stellen, viele widrige Zölle und
feindselige braunschweigisch-lüneburgische und anderweitige Festungs-Commandanten, mit denen man

über die Freiheit der rathsherrlichen Weine vom
Zoll, oder über die Höhe und Entrichtungsweise der
Zölle beständig in Hader lag.

Obgleich der Rath seinen „Weinmann“, den
Kellerhauptmann, der zuweilen wohl in Person solche
Transporte begleitete, mit einem „Offenen Paßbrief“
versah, in welchem kund gethan wurde, daß dieser
Wein kein eigentlicher Handelswein, vielmehr wie die
Weine anderer hoher Herren als ein „Ehrenwein“
betrachtet werden und daher zollfrei sein müsse, so wurde
ein solcher Paßbrief doch selten respektirt. Und
einmal (es war im Hochsommer 1633) wurde eine
Anzahl für den Bremer Rathskeller bestimmter Stück-
fässer Monate lang bei ihrem Transporte auf der
Weser aufgehalten, erst in Münden und, nachdem
man sie dort losgeeist, wieder von den braunschweigisch-
lüneburgischen Räthen in Hameln so lange gefangen
gelegt, daß man zuletzt um die Conservirung
der schönen Weine angst und bange wurde, die in
dem heißen Sommer, dem sie in ihrem schlecht geschützten Arreste in Hameln ausgesetzt waren, „gährig
und stichig werden und zugleich verderben möchten.“

Viele Jahre hindurch (von 1593 bis 1656)
richtete der Senat umständliche und wiederholte Schreiben
an die Räthe der Herzöge von Braunschweig-Lüneburg
und auch an diese hohen fürstlichen Herren selbst, um
ihnen zu beweisen, daß ihren Rathskellerweinen nach
deutschen Reichsgesetzen und Reichsgewohnheiten die
Zollfreiheit gebühre. „Denn“, so heißt es in einem
dieser Briefe des Raths von 1610, „diese Weine seien

keiner Privat-Persohn zuständig, sondern gehörten dem
Rathe und der freien Reichsstadt Bremen; — es würde
auch mit ihnen keine Handthierung getrieben, sondern
sie würden an Fürsten, Graven und Herren und Dero
Gesandten, so jedesmal durch Bremen durchreisten,
verehret und auch für den Rath selbsten zum Ehrenwein verbrauchet. Und dergleichen Weine ließe man
immer auf aller Fürsten, Graven und Herren
Zollstätten ohne Erlegung eines Zolles und Un-
geldes auf bloße Fürzeigung eines dazu ausge-
fertigten glaubwürdigen Scheines frei passiren. Daß
des Herzogs von Braunschweig Lüneburg Beamten
dennoch für solche Weine eine Caution gefordert hätten,
sei deßhalb etwas Ungehöriges." Die herzoglichen
Räthe antworteten darauf dann wohl: „ihr Herzog sei
gerade nicht zu Hause und sie selber könnten für sich
die Zollfreiheit nicht bewilligen." Und auf weiteres
Correspondiren von Seiten Bremens schrieb alsdann
der Herzog selber hinterdrein mit freundlichem Gruße:
„er wisse nichts davon, er wolle sich aber über die
Sache bei gelehrten Männern erkundigen." Endlich
aber gelangte im Jahre 1636 von Hildesheim ein
Brief herab, den der Herzog Georg schrieb, und
der so lautete: „wie Er, der Herzog, sich zwar
wohl erinnere, daß es im deutschen Reiche also hergebracht sei, daß Chur- und Fürstlichen, auch Gräflichen
Personen jährlichs ein Gewisses an Weinen zu behueff
ihres Hofstaats frei passiret würde, also es ihm gar
nicht wissend sei, daß die Räthe von Bremen dergleichen Freiheit zu ihrem Behufe beständiger Weise

erlanget, vielmehr fände es sich, daß, gleich wie es
bei andern die Weser hinuntergehenden Waaren täglich
geschehe, auch der Rath von Bremen von seinen Weinen
den gewöhnlichen Zoll zu entrichten schuldig sei."
„„Wolten's Euch also vermelden"", so schließt der
Herzog seinen kurzen Brief, „„denen wir sonsten in
Gnaden gewogen. Datum Hildesheim 14. Juli
Anno 1636. Georg.""*)

Da man diesem Allen nach auf dem Weserstrome
so vielen Schwierigkeiten begegnete, so versuchten der
Rath und seine Weinbeamten zuweilen auch wohl für
ihre Weine den Transport auf dem untern Rhein nach
Rotterdam und von da zur See nach Bremen.
Namentlich geschah dies einmal im Jahre 1602. Sie
richteten dann ähnliche Schreiben an die Generalstaaten und auch an den Prinzen Moritz von Oranien,
bei denen sie ebenfalls um Lizentfreiheit und um eine
freie Passage ihrer Weine durch die Niederlande an-
hielten und zwar unter Anführung derselben Gründe:
„weilen die Weine für den Rathskeller angekauft
seien, nicht bloß um damit den Rath und die Bürgerschaft zu versorgen, sondern zum großen Theile auch
um sie Fürsten und Herren und Derselben Botschaftern,

---

*) In Oldenburg gelang es dem Rathe von Bremen dagegen
mehre Mal (ein Mal 1674, und ein ander Mal 1681) einige von
ihm für den Keller angekaufte Weine zollfrei durchzubringen. Auch
für das im Oberlande aufgekaufte und zum Rathhausbau bestimmte
Holz hatte der Rath zollfreie Passage durch das Lüneburgische in
Anspruch genommen.

bei ihren Durchzügen, deren in ihrer Stadt fast alle
Tage vorkämen, zu verehren." Allein in Holland
fanden sie hiermit natürlich noch weniger ein Gehör,
und die Generalstaaten schlugen im Jahre 1602 die
freie Passage der Bremer Rathskeller-Weine ohne
Weiteres ab. Und dasselbe thaten sie noch ein Mal
wieder im Jahre 1626, obgleich der Bremer Senat
den König Christian IV. von Dänemark um ein
„Promotorial-Schreiben" (Fürbittschreiben) bei den
Generalstaaten gebeten hatte.

Da auch der untere Rhein somit verschlossen, derselbe
dabei ein weiter Umweg war, und da wie gesagt auch
die Weser vielfach barrikadirt und ohnedies im Winter
und im hohen Sommer der traurigen Naturverhältnisse
des Flusses wegen kaum benutzbar war, so scheint es, daß
man die Weine meistens lieber ganz von Frankfurt
bis Bremen durch Fuhrleute über Land kommen ließ.
Diese Fuhrleute hatte dann wieder der Kellerhauptmann zu requiriren und zuweilen auch in Person zu
begleiten. Sie brachten den Wein in großen Stück-
fässern und „Zulasten" zu fünf Oxhoft aus dem
Rheingau herbei und bildeten dabei, wenn der Transport bedeutend war, mitunter ziemlich große Kara-
wanenzüge von 7 bis 10 Wagen. Sie gebrauchten
dabei oft mehr als drei Wochen, und im siebenzehnten
Jahrhundert kam diese Art des Transports vom
„Rinkow" (Rheingau) bis Bremen gewöhnlich 7 ½ bis
8 ₰ *) per Ohm zu stehen, was ungefähr die Hälfte

---

*) Diese Frachtpreise werden namentlich für das Jahr 1680

des am Rhein bezahlten Ankaufspreises der Waare
war. In den Chroniken und Geschichten der Residenzstadt
Cassel wird diese Landstraße von Frankfurt durch
Hessen „die große Weinstraße vom Rhein zur
Elbe und Weser" genannt.*) — Die Passage auf
dieser „Wein-Straße" war so schwierig und gefährlich,
daß, wie am Ende des siebenzehnten Jahrhunderts ein
darüber examinirter Kellerbeamter aussagte, „den
Predigern regelmäßig alljährlich 3 Stübchen Wein
im Namen des Weinkellers verehrt wurden, weil sie
auf der Kanzel gebetet haben, daß die Reise möchte
wohl succediren und die Weine glücklich in salvo
kommen. Ist auch vor diesem Herkommens gewesen."

Aus diesem allen ist denn zur Genüge ersichtlich,
mit wie großen Hindernissen die Dornenwege bestreut
waren, auf welchen im sechszehnten, siebenzehnten und
achtzehnten Jahrhunderte unsere schönen Rheinweine
und auch die ihnen vorgesetzten Kellerhauptleute wan-
dern mußten. Es ist daher auch kein Wunder, daß
einige der letztern auf jenen Wegen strauchelten, ihren
Pflichten nicht gewachsen waren, sich in Schwierigkeiten

---

angegeben. Es ist merkwürdig, daß auch noch im Jahre 1809 für
denselben Transport nominell ungefähr derselbe Preis bezahlt
wurde, nämlich 10 ₰ Fracht per Ohm von Frankfurt bis Bremen.
Damals war freilich der Ohm im Durchschnitt 50 Thaler werth,
und der Werth des Geldes weit geringer.

*) Ich mag hierbei bemerken, daß es vom Rhein aus noch
mehre solcher ins Innere des Reichs führende „Weinstraßen" gab,
die auch noch jetzt zum Theil unter diesem Namen bekannt sind,
z. B. eine aus der Pfalz über den Schwarzwald nach Schwaben.

7

verwickelten, wohl gar den mancherlei moralischen Ver-
suchungen auf ihrem Lebenspfade nicht widerstanden, und
dann schließlich mit schimpflicher Absetzung oder gar im
Arrest und Gefängnisse endigten. Auf die Speci-
ficirung von Vorfällen dieser Art kann ich mich hier
jedoch nicht einlassen, will aber noch bemerken, daß
seit dem Jahre 1726 das Amt der Kellerhauptleute
in der bremischen Familie Wilhelmi, in welcher von
da an bis zum Jahre 1830 immer die Söhne ihren
Vätern adjungirt und zu deren Nachfolgern im Voraus
designirt wurden, so zu sagen erblich wurde.

Als im Jahre 1833 der letzte bremische Kellerhauptmann Wilhelmi starb, wollte die Bürgerschaft
dieses alte und veraltete Amt ganz abgeschafft haben.
Der Senat wünschte dagegen, daß die Stelle vorläufig
nur unbesetzt bleibe und im Budget als „vakant"
bezeichnet werde. „Vielleicht könne man sie später
einmal wieder besetzen." Doch geschah dies nicht und
es wurde dann an die Stelle des mit so vielerlei
Geschäften und Pflichten überhäuften Kellerhauptmanns
ein „Lagermeister" gesetzt, dem nur die Beaufsichtigung der Abwartung und des Verkaufs der Weine
im Keller obliegt.

VI. Von den Arten der Weine und anderen Getränke im Keller.

Rheinwein, der älteste Wein in Norddeutschland. — Erste französische Weine: "Poitou", "Orleans." — Erste spanische und andere südliche Weine: "Malmesye", "Rumenye", "Sekt" oder "Saqu." — Weinhandel mit England, den Niederlanden, Frankreich. — Der hanseatische Stahlhof in London. — Direkte Verbindungen der Hanseaten mit Spanien. — Gewürzweine: "Claret", "Hippocras" ꝛc. — "Guter" und "geringer Wein." — Wie man seit dem sechszehnten Jahrhundert anfängt, die verschiedenen Gewächse nach ihren Ursprungs-Lokalitäten und Jahrgängen zu sondern. — Welche Rheinweinsorten früher, welche später auftreten. — Der "Rüdesheimer" im Bremer Keller. — Die alten "Firne-Weine." — Einzelne berühmte Jahrgänge und Fässer. —

---

1) Rheinweine.

Der Rheinwein ist, wie ich oben zeigte, wohl ohne Zweifel wie in allen Weinkellern Norddeutschlands so auch in dem von Bremen der erste und früheste Rebensaft. Er bildete schon in dem primitiven Keller der Dom-Capitel das Hauptlager. Die alten Stadtweinläger in Hamburg, Lübeck und Leipzig, Braunschweig, Dresden waren und blieben in der Hauptsache Rheinweinläger.

7 *

Streng genommen gab und giebt man den Namen Rheinwein nur den Gewächsen des kleinen Rheingaus. Man unterschied davon die „Mosel=" und die „Elsasser=Weine." Doch werden die letzteren schon sehr frühe mit den „Rheinweinen" in Verbindung genannt. So z. B. geschieht in einem Dokumente vom Jahre 1433 *) der fremden Gäste Erwähnung, welche vom Rheine her „Rineschen ebber Elsaßer wyn" auf den Bremer Markt brachten. Vielleicht wurde auch wohl manches Gewächs aus dem benach=barten Burgund, mit unter diesem „Elsaßer Wyn" begriffen, so z. B. der in alten Zeiten oft genannte „Osey" oder „Osoy" aus der burgundischen Provinz „Aurois." Es wird behauptet, daß zuweilen auch alle Weine aus dem Elsaß wohl mit dem Namen „Osey" bezeichnet seien. **)

Von den Moselweinen vernimmt man in unserm Keller erst später als von den Elsassern. Sie gehen aber dann mit den Rheinweinen stets Hand in Hand, und sind wie diese ein Monopol des Raths=kellers.

Dagegen ist dieß nicht der Fall mit den Weinen eines andern Nebenstroms des Rheins, nämlich des Mains.

Die Main= oder Frankenweine sind mit den Rheinweinen nicht so innig verschwistert, wie die Moselweine, erscheinen überall später, und kommen im

---

*) Siehe dasselbe bei Oelrichs l. c. p. 478.
**) Henderson l. c. p. 289.

Bremer Rathskeller fast gar nicht vor. Auf sie wurde, wie ich sagte, auch nicht das Monopol des Kellers ausgedehnt. Vielmehr wurden die fränkischen Weine ausdrücklich eben so wie die französischen und andere ausländische Weine dem Privatverkehr überlassen. Vielleicht folgte man auch darin einer alten Tradition. Die Rhein- und Moselweine bildeten schon von jeher zusammen eine besondere engvereinigte Gruppe. Beide stammten schon aus den Römerzeiten. Von den Moselweinen ist dieß gewiß. Von den Rheinweinen behauptete es wenigstens die Sage. Beide blühten empor unter Karls des Großen und der Frankenkönige Pflege. Die Weine am östlicher gelegenen Main waren späteren Ursprungs, hatten einen anderen Charakter und besaßen namentlich auch nicht die Blume oder den Riechstoff, wodurch der Rheinwein so berühmt wurde. Auch in den Kellern von Lübeck und Hamburg fehlen sie. Nur in allerneuester Zeit kamen im Lübeckischen Rathskeller auch „Steinweine" vom Main vor. *)

Indeß auch die Moselweine waren im Bremer Keller nie sehr stark vertreten, und eben so nicht die sogenannten Ueberrheinischen oder Pfälzer Weine. In der Hauptsache war es ein Lager von Weinen aus dem wenige Quadratmeilen großen Rheingau.

In alten Zeiten unterschied man die verschiedenen Gattungen und Gewächse des Rheingaus nicht sehr scharf. Sogar am Rheine selbst mochten noch die Weingattungen ihre unterscheidenden

---

*) Wehrmann l. c. p. 127.

Qualitäten nicht so bestimmt herausgebildet haben. Da man anfänglich die Weine noch nicht sehr lange aufzubewahren pflegte, wußte man auch wohl noch nicht viel von der Güte gewisser Jahrgänge.

Im vierzehnten und funfzehnten Jahrhunderte hören wir im Bremer Keller durchaus noch nichts von verschiedenen Namen der Rheinweine. Man spricht immer vom „Rheinischen Wein" ganz im Allgemeinen, und unterscheidet nur zwischen „gemeinen" und „besseren" Wein, wofür man nur zweierlei Preise hat, einen geringeren und einen höheren. Erst am Ende des sechszehnten Jahrhunderts fängt man an, die Lokalitäten des Weinwuchses, die Weinberge und Ortschaften auseinander zu halten, und erst seit dem Anfange des siebenzehnten Jahrhunderts auch die Jahrgänge.

Von dieser Zeit an könnte man nun wohl mit Hülfe der vorhandenen Weinrechnungen ausfindig machen und bestimmen, zu welcher Zeit jede Art Rheinweins im Keller auftrat, besonders mobig war oder wieder verschwand. Doch will ich mich hier nur auf einige Bemerkungen über diesen Punkt beschränken:

Die entschieden größte Rolle von allen Rheingauer Weinen scheint von jeher der Rüdesheimer gespielt zu haben. Von ihm waren im Bremer Keller seit dem Anfange des siebenzehnten Jahrhunderts immer die mannigfaltigsten Jahrgänge und auch die größten Quantitäten vorhanden. In Quantität und Qualität war er so vorwiegend, daß man das ganze Bremische Lager in der Hauptsache als ein Lager von Rüdesheimer bezeichnen könnte. Er füllte die größten

Fässer des Kellers. Auch war und ist der berühmte
Rosewein fast immer aus Rüdesheim gewesen. Die
beiden ältesten Sorten des Kellers, eine von 1624
und eine von 1653 sind ebenfalls aus Rüdesheim.
Bloß vom Rüdesheimer Berg, dem schönsten
Weinberge am ganzen Rheine, den schon Karl der
Große mit Reben bepflanzte, gab und giebt es im
Bremer Keller nicht weniger, als ein halbes Dutzend
Jahrgänge.

Ihm zunächst steht wohl an Mannigfaltigkeit der
Gattungen, an Quantität und Qualität der Hochheimer, der obwohl an der Mündung des Mains
wachsend, einer alten Gewohnheit nach doch immer
zu den Rheingauweinen gezählt wird. Es giebt auch
beinahe ein halbes Dutzend Jahrgänge vorzüglicher
Hochheimer im Bremer Keller. Auch sind die dortigen
Apostelweine fast alle aus Hochheim. Doch gehen
sie nicht über den Anfang des achtzehnten Jahrhunderts hinaus, sind also etwa 100 Jahre jünger, als
der Rüdesheimer, der sich, wie man behauptet, noch
besser zum langen Lagern und zum Altwerden eignet.

Es wäre wohl nicht wenig interessant, auszu-
machen, wann man zuerst darauf kam, gute Weine
zum Altern zu deponiren. In den Aufzeichnungen
des Lübecker Kellers erscheint im Jahre 1372 zum
ersten Male „en verne stucke Wins" (ein Stück alten
Firneweins)*) Wahrscheinlich wird man damals oder
bald nachher auch in Bremen schon solche „Vernestücke"

---

*) Dr. Wehrmann l. c. S. 99.

gehabt haben, obgleich ich nichts darüber aufgezeichnet finde. Diese „Verneſtucke" mag man alsbald im hintern Keller, von den übrigen geſondert deponirt haben, und daraus mag dann am Ende, als ſie ſich mehrten der abgetrennte „Roſekeller" erwachſen ſein. Die erſte beſtimmte Erwähnung dieſes koſtbaren Lagers, die ich habe finden können, ſtammt aus dem Jahre 1599, in welchem am 5. April ein Inventarium des Kellers aufgenommen wurde. Man fand damals: „in der Roſe 1 Batt Nro. 1 (ein Faß Nro. 1) von 15 Ohm und noch 4 Fäſſer (Nro. 2 bis 5) zu 6½ bis 8 Ohm." *) Im Jahre 1665 befanden ſich „in der Roſe 12 Fäſſer, die damals neu verbunden und umgezapft wurden." Im Anfange des achtzehnten Jahrhunderts fand der Bürgermeiſter Line: „in der Roſe 13 Stückfäſſer à 8 Ohm, zuſammen 104 Ohm", die er damals in Summa auf 12,480 ₰ Werth ſchätzte. Es iſt bemerkenswerth, daß auch im Hamburger Keller der älteſte Wein, wie in Bremen, aus dem Jahre 1624 ſtammte. Dort in Hamburg verſchwand indeß dieſer älteſte Wein im Jahre 1812, wo die dortigen Weine von den Franzoſen verkauft und verſtreut wurden. Nur der Bremer durfte noch weiter altern.

Die Bürgerſchaft ſcheint dieſem ſehr alten Weine meiſt ziemlich ungünſtig geſtimmt geweſen zu ſein, und hat im Laufe der Zeiten wiederholt auf Abſchaffung derſelben angetragen, „weil ſie dem Staate zur Laſt ſeien." Auch thaten dieß wohl mitunter die Wein-

----

*) Bremer Staatsarchiv St. 2. b. N. 1. b. 10 a.

herren selbst, die immer Geld aus dem Keller schaffen
sollten, und aus den alten Weinen „welche lediglich
zum Splendör dalägen" wenig beziehen konnten. Aber
dann hielt jedes Mal der Senat seine schützende Hand
über den alten Weinen und beschloß auf einen solchen
Antrag der Bürger oder der Weinherren meistens (so
ein Mal 1712 und wieder ein Mal 1725): „Quod
non! die alten Weine sollen pro honore civitatis
conservirt werden." So ist es denn gekommen, daß
wir in Bremen noch einen Wein haben, der jetzt (im
Jahre 1863) 249 Jahre alt ist. Es möchte dieß
wohl der älteste Wein der Welt sein, dessen Alter sich
ziemlich authentisch nachweisen läßt. Viel über 200
Jahre scheint man es überhaupt nirgends und nie
mit altem Wein hinausgebracht zu haben. Auch
Plinius erwähnt zweihundertjähriger Weine, als des
Außerordentlichsten, was zur Zeit der Römer vorgekommen sei. *)

Der Johannisberger war, als einer der edelsten Weine
der Erde, ein Getränk, das in alten Zeiten nur Fürsten
und hohen Würdenträgern zuging und fast gar nicht
in den Handel kam. **) Der Bremer Keller weiß
daher auch wenig von ihm. Er ist dort erst in
neuerer Zeit erschienen. Heutzutage aber ist die aller=
feinste und über alle anderen geschätzte Piece ein Faß

---

*) Plinius Historia Natur. XIV. 4. sagt: Durant ad huc
vina ducentis fere annis etc.

**) G. Rawald das Buch der Weine. Hamm 1863. 3. Auf-
lage. S. 138.

(à 5 Oxhoft) Johannisberger vom Jahre 1783. Es wird dasselbe über alle alten Rose- und Apostel- weine, und auch über alle jüngeren Weine des Kellers gesetzt, und bloß zu Ehrengeschenken erster Klasse ge- braucht, nichts davon zum Verkauf gebracht.

Manche Rheinweine kamen deßwegen erst später im Bremer Keller vor, weil sie überhaupt erst im achtzehnten Jahrhunderte ihre Trefflichkeit erlangten. Davon ist ein Beispiel der so beliebte „Liebfrauen- milch“, welcher erst auf dem Schuttboden der im Jahre 1689 von Ludwig's XIV. Mordbrennerbanden zerstörten Vorstädte von Worms in den Gärten der stehengebliebenen Liebfrauenstiftskirche zu seiner jetzt so sehr geschätzten Güte gedieh. *)

2) Nicht rheinische oder „kurze“ Weine.

In unsern Aufzeichnungen aus dem fünfzehnten Jahrhunderte wird zuweilen von jenen schon von mir erwähnten „kurzen Weinen“ („Korte wyne“) im Gegen- satze zu den rheinischen Weinen in einer Weise gesprochen, daß ich glaube, man wollte damit alle anderen außer diesem Hauptweine bezeichnen. Demnach wären darunter sowohl der deutsche Wein aus Franken und anderen Gegenden, als auch die französischen, spanischen und italiänischen Weine zu verstehen. Man mochte diese Weine vielleicht deßwegen „kurz“ nennen, weil sie erst nach und nach, und anfänglich nur in kleinen Quan- titäten zu dem seit alten Zeiten etablirten Hauptweine

---

*) G. Rawald l. c. S. 135.

vom Rhein hinzukamen, nicht weil sie von geringerer
Art waren. Den Handel mit diesen „kurzen Weinen"
gab der Rath, wie ich oben zeigte, den Bürgern frei,
während er seinem Keller von jeher den Handel mit
dem Hauptweine reservirte. *)

Französische Weine haben in Deutschland
zwar erst später die außerordentliche Beliebtheit gewonnen, deren sie sich jetzt erfreuen. Allein manche
Arten von ihnen kannte man bei uns schon in sehr
frühen Zeiten. Wahrscheinlich lernten die Hanseaten
sie bereits im zwölften und dreizehnten Jahrhunderte
in ihren Comptoiren in England, dem damals ein
großer Theil des Wein producirenden Frankreichs an-
gehörte, kennen. Eben so war der Handel mit den
Niederlanden lebhaft, und endlich fuhren seit dem
Ende des vierzehnten und fünfzehnten Jahrhunderts
die Hanseaten selbst häufig zu verschiedenen Punkten
des weinproducirenden Frankreichs an der großen Bai
von Biscaya. Sie holten von dort hauptsächlich Salz,
aber auch Wein, namentlich „Wein von Orleans"
und dann „Poitouwein."

Für jenen war Nantes, für diesen Rochelle der
Haupt-Verschiffungshafen. Nach England kamen damals

---

*) Das bremisch-niedersächsische Wörterbuch übersetzt „Korte
Wyne" mit „geringe Weine", „in Entgegenstellung der italiänischen, spanischen und anderen schweren Weine." Die Hauptstelle
darüber der Paragraph 66 der bremischen Statuten von Ao. 1433
(Oelrichs l. c. p. 478), lautet so:

diese beiden Weine aus den den Engländern gehörenden Provinzen sehr häufig. *) Nicht selten kamen
auch diese beiden im Anfange des fünfzehnten Jahrhunderts sehr geschätzten und modigen Weingattungen
zur Ostsee, z. B. nach Danzig, wo man im Jahre
1438 „Wein von Orleans" und „Poitouwein" und

„Kein Bürger soll binnen Bremer Weine laufen lassen, ausgenommen Kurze Weine. Die mag er auslegen den Quart zu vier
Schwaren und höher nicht, ausgenommen Malvasier und Rumenye (Spanische Weine)."

Mir scheint es, daß hier offenbar die schweren Malvasier und
Spanischen Weine mit in den „Kurzen Weinen" einbegriffen sind,
und daß sie durch das „ausgenommen" nur als solche kurze Weine
bezeichnet werden sollten, die höher als zu 4 Schwaren verkauft
werden durften. Daß die kurzen Weine nur im Gegensatz zu den
Rheinweinen genommen werden sollten, scheint mir eben so deutlich
aus Dem, was in demselben Artikel darauf folgt, hervorzugehen.
Der Artikel fährt nämlich gleich so fort:

„Wäre es aber, daß fremde Gäste Elsäßer oder Rheinische
Weine brächten, so mögen sie ihn verzapfen 2c. Auch noch in
andern Artikeln der Bremischen Statuten treten die kurzen Weine
in einen ähnlichen Gegensatz zu den Rheinweinen. Wollte man
unter jenen nur „gemeine und geringe" Weine verstehen, so müßte
man annehmen, daß unsere Bürger mit Spanischen, Italiänischen
und Französischen Weinen gar nicht hätten handeln dürfen, was
doch ganz gegen die Erfahrung spricht, und man sähe sich fast
vergebens nach den Weinen um, mit denen sie hätten handeln
dürfen. Auch der Senator Dr. F. Donandt nimmt in seiner Geschichte des Bremischen Stadtrechts die „kurzen Weine" in dem von
mir angegebenen Sinne.

*) A. Henderson. History of ancient and Modern Wines.
London 1824. S. 279.

auch schon „Bordewin" (Bordeaux=Wein) verkaufte. *)
Auch im Lübecker Rathsweinkeller fanden sich damals
diese und andere französische Weine, namentlich „Patow"
(Poitouwein), „Aschonyer" (Gascogner), Assoiewein
(aus der Grafschaft Auxois in Burgund) **).

Im Bremer Weinhandel jener Zeit werden namentlich die Poitouweine erwähnt, hier wohl
„Poithow" oder „Poythow" genannt ***), und
sie scheinen überhaupt im ganzen Norden von Europa,
die am häufigsten begehrten und genannten Franz-
weine gewesen zu sein. Ob dieser und andere französische Weine einst auch im Bremer Keller eben so
verzapft wurden, wie nach Dr. Wehrmann in dem
von Lübeck, ist mir ungewiß geblieben. Nach dem
sechszehnten Jahrhunderte finde ich den „Poithow"
nirgends mehr erwähnt, und jedenfalls ist sehr bald
überhaupt aller französischer Wein aus dem Bremer
Keller eben so völlig verschwunden, wie aus den
Rathskellern der meisten andern norddeutschen Städte.

Spanische und andere südliche Weine
vom Mittelmeere waren schon im zwölften, dreizehnten
und vierzehnten Jahrhunderte reichlich auf dem Markte

---

*) S. Hirzel. Danzig's Handels= und Gewerbe=Geschichte,
unter der Herrschaft des Ordens. Leipzig 1858. S. 91 bis 95.
**) Dr. Wehrmann. Der Lübeckische Rathsweinkeller, in: Zeit=
schrift des Vereins für Lübeckische Geschichte und Alterthumskunde.
Band II. Heft 1. Lübeck 1863. p. 86.
***) Z. B. in der Beschwerdeschrift eines gewissen Martin
Hemelingk, der den Keller 1547 in Pacht hatte. Bremer Staats=
Archiv Ss. b. W. 1. b. 14.

von Brügge zu finden, wohin die Schiffe aus Spanien, Italien und Griechenland mit ihren Produkten kamen. Dort in Brügge und seit dem fünfzehnten Jahrhunderte in Antwerpen mochten die Hanseaten sie frühzeitig kaufen. Am Ende des vierzehnten Jahrhunderts gingen die Hanseaten auch schon zuweilen selbst direkt nach Spanien. In späterer Zeit werden in Bremen eigne „Spanischfahrer", so wie auch „Franzfahrer", die aus Spanien und Frankreich auch Wein bringen, erwähnt.

Im Jahre 1379 wurde ein hanseatisches Schiff, das „aus St. Jacob in Galizien" kam, auf der Rückkehr von Engländern beraubt. Und 1398 wurden 14 hanseatische Schiffe, „welche mit Oel, Wachs, Reiß, Honig, Wein und allerhand Gut, so man aus Spanien und Frankreich zu bringen pflegt" von friesischen Piraten angefallen. *)

Derjenige spanische Wein, der am Ende des Mittelalters sowohl in England, als im Ostseehandel, in Danzig und Lübeck, als endlich auch in Bremen am häufigsten erwähnt wird, ist der sogenannte Romania oder „Romanye" (Danzig) oder „Romenay" „Rumney" (England).

In unsern bremischen Statuten wird er meistens „Rummenie" oder „Rumenye" oder „Romanie" genannt. Man könnte den Namen fast für spanischen Wein überhaupt gelten lassen. Vielleicht

_____

*) Hirzel l. c. S. 86.

erhielt er diesen Namen daher, weil er aus dem alten
Romanenlande kam. *)

Neben und mit dem „Romanier“ wird sowohl
in Bremen, als auch anderswo immer d e r M a l ·
v a s i e r genannt. Auch in einem plattdeutschen Gedichte
werden nach Dr. Wehrmann diese beiden Weine neben
einander gestellt. Und in einem alten englischen
Gedichte geschieht dasselbe:

„I shall have rumney and malmesyne.“**)
Sie waren die im ganzen Norden Europa's am Ende
des Mittelalters bekanntesten Südweine. Die Rebe dieses
letztern Weines soll ursprünglich in Napoli di Malvasia
in Morea zu Hause sein, und von da aus über Cypern,
Sicilien, Provence, Teneriffa und andere Länder sich
verbreitet haben. Der Wein mochte daher mit dem
„Romanischen“ über Spanien nach England, den
Niederlanden und so in den nordischen Handel kommen.
Daß unsere Niederdeutschen den Namen Malvasia auf
ähnliche Weise corrumpirten, wie die Engländer,
nämlich zu „Malmesyen“ oder „Malmesirer“ (Eng·
lisch: „Malmsey“) deutet vielleicht darauf hin, daß sie
ihn zu allererst über England durch die Vermittlung
ihres dortigen Stahlhofs empfingen.

Vielleicht kam aber zum Theil der Malvasier auch
direkt aus Griechenland über Venedig nach dem
Norden. Von den Augsburgern und Nürnbergern

---

*) S. darüber Henderson l. c. p. 289. Wehrmann. l. c. p. 86.
Bremisch-Niedersächsisches Wörterbuch, Artikel: „Romentje.„
**) Henderson l. c. p. 286.

wird wenigstens gesagt, daß sie unter andern Süd-
waaren auch griechische Weine aus Venedig über die
Alpen holten und dann nach Schlesien und zu anderen
nördlichen Ländern (vielleicht auch nach den Hanse-
städten) weiter verhandelten. *)

In Bremen finde ich den Malvasier zuerst im
Jahre 1445 erwähnt, in welchem Jahre ein Schiff
genommen wurde, das beladen war mit „Malmasirer,
Kruderen (Gewürzen), Olie (Oel), Waß (Wachs) und
anderen Kostlichen Guderen".**) Auch wird er in der Bremischen Polizeiordnung (Kundigen Rolle) mehre Male
mit dem Rumenie zusammen genannt, und seiner
stets als eines Weines gedacht, mit welchem jeder
wie mit diesem handeln dürfe.

Doch hatte man von ihm, so wie auch von dem
spanischen Wein zu allen Zeiten kleine Quantitäten im Rathskeller. Er behielt bis auf die Neuzeit
herab seinen Namen, während sein Bruder der
„Rumenie" den seinigen seit dem sechszehnten Jahrhunderte verlor, und im Keller nur noch unter dem
„Spanischer Wein" (Spansse Win) figurirt. Um
das Jahr 1571 finde ich ihn in Bremen zum letzten
Mal erwähnt, und zwar in einer Schrift einer gewissen
Wittwe Hemeling, welche die Pacht des Kellers von
ihrem Manne übernommen hatte, und behauptet in
jenem Jahre eine Partie „Rumenie" in Amsterdam
gekauft zu haben.

---

*) S. darüber J. F. Roth, Geschichte des Nürnberger Han-
dels. Leipzig 1802.

**) Renners Chronik. Jahr 1445.

Im siebenzehnten Jahrhundert treten in dem Handel unseres Kellers noch andere spanische Weine auf, namentlich: „Bastart", „Sekt", „Pidro Ximenes" und „Alicante." Doch werden dieselben in den Keller-Rechnungen immer unter ihrem Special-Namen genannt und nicht unter dem „Spansse Win" mit begriffen, vermuthlich, weil sie erst später zu den früher üblichen spanischen Weinen hinzukamen.

Der „Bastard" oder „Bastert" und zwar namentlich „der weiße Bastert" wird in den Rechnungsbüchern unsers Kellers aus dem siebenzehnten Jahrhundert häufig erwähnt. Vor dieser Zeit kommt er nicht vor. Er heißt zuweilen „Bastertswin." Es war einer der südlichen Weine, die zur Zeit der Königin Elisabeth in England, und daher auch anderswo modig wurden. Er wird von Shakespeare und anderen dramatischen Dichtern dieser Zeit häufig erwähnt. Es gab auch „braunen Bastard." Es soll einer der schwersten und dabei süßen spanischen Weine gewesen sein. *)

Zu derselben Zeit der Königin Elisabeth und Shakespeare's fängt auch der „Sekt" an, in England eine große Rolle zu spielen, und bald darauf (im Anfange des siebenzehnten Jahrhunderts) erscheint er dann auch unter den Weinen des Bremer Kellers. Die alten Bremer Kellermeister nennen ihn gewöhnlich „Seck" oder „Secq", eine Schreibart die (wie beim Malvasier oder Malmesey) ganz mit der eng-

---

*) S. Henderson l. c. S. 290. 291.

8

lischen Schreibart „Sack" zusammenfällt, und mithin
wieder darauf hinzudeuten scheint, daß wir das Getränk
zunächst über England bekamen. Die allgemeine
deutsche Schreibart ist jetzt „Sekt", während die Engländer bei „Sack" geblieben sind. Man glaubt, daß
ursprünglich der Xeres unter diesem Namen aufgetreten
sei. Jetzt wird damit ein süßer Wein bezeichnet. Man
hat den Namen auf verschiedene Weise abgeleitet.
Gewöhnlich nimmt man ihn als eine Abkürzung von
„vino seco" (trockener Wein), was so viel heißen
soll, als Wein, der aus halbtrocknen Trauben ge-
keltert wurde. Andere meinen, es sei „vino sacco"
(Sack-Wein), d. h. ein Wein, der zur bessern Ab-
klärung durch einen leinenen Sack gelassen wurde,
darunter zu verstehen. Andere haben wieder gemeint,
daß der Wein seinen Namen von der Stadt „Xeque" in
Marocco empfangen habe, von welcher die Rebe zu
den canarischen Inseln und dann auch nach Spanien
verpflanzt sei.*) In der Mitte des achtzehnten Jahrhunderts findet sich im Bremer Keller sowohl „Canarii-
Secq" als auch „Xeresse-Secq."

Der spanische Wein „Pedro Ximenes" findet
sich ebenfalls seit dem Anfange des siebenzehnten
Jahrhunderts im Bremer Keller. Es ist bekanntlich
eine Gattung Malaga. Doch wurde vermuthlich der
Malaga überhaupt damit bezeichnet. Die Bremer
Kellermeister schreiben ihn gewöhnlich „Zemenis"
oder „Petersimenis", was denn eine Rück-Cor-

---

*) S. über dieß Alles Henderson. l. c. S. 298. sgy.

rumpirung des spanischen „Pedro Ximenes" ins Deutsche wäre, da diese spanische Benennung eine Corrumpirung aus dem Deutschen war, denn der Wein soll seinen Namen ursprünglich von Peter Simon, einem Deutschen haben, der die Reben dazu vom Rhein in die Nachbarschaft von Malaga versetzte. Zuweilen findet man in den Weinrechnungen den Namen auch „Peresimen" oder „Peresimein" geschrieben.

Eben so wie der Pedro Ximenes konnte auch der Alicante nur später zu uns kommen, da die Reben, welche den nachher so berühmten spanischen Süßwein dieses Namens gaben, erst unter Carl V. in die Nähe von Alicante versetzt wurden. Ich finde ihn im Bremer Keller seit der Mitte des siebenzehnten Jahrhunderts. Endlich finde ich noch in den Weinrechnungen dieser Zeit (schon in einer vom Jahre 1634) dann und wann einige Ohm „Wyntindt" erwähnt, was wohl der Spanische „vino tinto" sein soll.

Ganz dieselben genannten spanischen Weine treten zu derselben Zeit neben den Rheinweinen in andern norddeutschen Rathskellern, z. B. in dem von Lübeck auf. *) Doch ist ihre Quantität im Verhältniß zum Rheinweinlager überall nur gering. Der Consum beider stand ungefähr wie 5 zu 1. „Es war vermuthlich Bedürfniß", sagt Herr Wehrmann, „bisweilen süße spanische Weine dazwischen zu trinken, wenn man so viel und hauptsächlich Rheinwein getrunken hatte." In Bremen pflegten bis auf die Neuzeit herab die den

*) S. Wehrmann l. c. S. 87.

8 *

Keller besuchenden Damen, wenn sie Rheinwein tranken, sich ein Gläschen süßen spanischen Sekts daneben geben zu lassen, um damit die Säure des vaterländischen Getränkes zu milbern.

„Landweine", d. h. deutsche Weine aus der Nachbarschaft und überhaupt aus dem Norden Deutschlands finde ich im Bremer Weinhandel nirgends erwähnt, was freilich noch kein Beweis ist, daß sie nicht zuweilen auf dem dortigen Markte erschienen seien. In dem Weinhandel Lübeck's und Danzig's werden mehre norddeutsche Landweine namhaft gemacht. In der Umgegend von Dresden gewachsene Weine wurden im sechszehnten Jahrhunderte nach Hamburg verhandelt. *) Vielleicht sind sie eben so auch nach Bremen gekommen. Das nächste Wein producirende Land bei Bremen war die Umgegend von Cassel, wo im vierzehnten Jahrhunderte alle umliegenden Anhöhen Weinberge waren, und woher unter andern „der berühmte Kratzenberger" kam. **) Es wäre fast wunderbar, wenn die Kassler Weine auf der Weser herab nicht auch nach Bremen gekommen sein sollten. Im Magdeburger Rathskeller wurden sogar noch am Ende des siebenzehnten Jahrhunderts norddeutsche Landweine, namentlich „Brandenburgischer Wein" und „Potsdamer Wein" gelagert und verkauft. ***)

---

*) S. Lindau. Geschichte der Residenzstadt Dresden. Dresden 1863. Th. I. S. 530.

**) S. Dr. F. C. Th. Piderit. Geschichte der Hauptstadt Cassel. Cassel 1844. S. 39.

***) S. Vulpius. Magdeburg's Sonderbare Herrlichkeit. Magdeburg 1702.

3) Claret und andere Gewürzweine.

Wie in anderen Städten werden auch in Bremen zu verschiedenen Zeiten verschiedene aus Wein bereitete Getränke genannt.

„Um die große Härte und Säure, welche den meisten Weinen des Mittelalters eigen war, zu decken, und ihnen einen lieblichen Geschmack zu geben, mischte man sie häufig mit Honig und Gewürzen. Man nannte sie Gewürzweine oder piments, und sie wurden ursprünglich bei den pigmentarii (Gewürzkrämern oder Apothekern) bereitet." *)   Die Poeten des dreizehnten Jahrhunderts sprechen von ihnen immer mit Entzücken. Sie betrachteten es als ein Meisterstück der Kunst, in einem und demselben Getränke die Stärke und den Geist des Weins, mit der Süßigkeit des Honigs und dem Parfüm der köstlichsten Arome combinirt zu haben. Ein Banquet ohne Gewürzweine wäre als ein Fest betrachtet worden, bei dem der wesentlichste Artikel fehlte. **)

Man hatte eine Menge Arten von Gewürzweinen. Die allgemeinsten waren der sogenannte „Hippocras" und der „Clarry" oder „Claret."

Der letztere findet sich in bremischen Urkunden aus dem fünfzehnten Jahrhunderte als ein damals bei den Rathsmahlzeiten gewöhnliches Getränk erwähnt.

---

*) Henderson l. c. S. 283.

**) Le Grand. Vie Privée des François. Tom III. p. 66, citirt bei Henderson.

Unsere plattdeutschen Chronisten nennen ihn„ c l a r e t h" oder „c l a r e t e n w y n". So schreibt im Jahre 1498 ein Camerarius in einem Verzeichnisse seiner Ausgaben, daß der Rath bei seinen Mahlzeiten „Clareten wyn unde ber" (Gewürzwein und Bier) getrunken habe. Es war zu derselben Zeit, als man auch für die Tafel der Könige von England und anderer Könige „Clarry" bereitete.

Aber auch sonst scheint der „Claret" in der Stadt nicht nur von den Rathsapothekern, sondern auch von Privaten viel bereitet und verkauft zu sein. In einem Artikel der „kundigen Rolle von 1450" wird gesagt, daß man ihn auch bei Kindtaufen trank. In einem andern Artikel wird geboten, daß man „Clarett" nur im Rathskeller solle verzapfen dürfen.*) Mehre Schriftsteller haben behauptet, daß man ihn nur aus Rothwein bereitete. Aber in Bremen machte man ihn auch aus anderen Weinen. **)

Man ließ den Wein, nachdem man ihm die Gewürze (Saffran, Nelken ꝛc.) und den Zucker oder Honig beigemischt hatte, durch einen Sack laufen,***) um ihn so abzuklären, und davon soll er den Namen

---

*) Siehe die Artikel 37 und 38 bei Oelrichs l. c. S. 660.

**) Dieß geht aus den oben angeführten Artikeln der kundigen Rolle hervor.

***) In dem Braunschweiger Rathhause (vielleicht auch in dem. Bremer) hatte der Rath in seiner Rathsküche einen eigenen „Kräuterbeutel" und ein „Kräuterfaß" zur Bereitung seines Clarets

„claret" („Vinum clarificatum") erhalten haben. Er
wurde daher auch wohl „Lauttertrank" oder
„Lutertrank" (geläuterter Trank) genannt. Auch
in alten bremischen Schriften kommt dieser „Lutertrank" zuweilen vor. Den „Hippokras", der ganz
ähnlich bereitet wurde, habe ich in Bremen nicht
erwähnt gesehen. Er soll in Süddeutschland mehr in
Gebrauch gewesen sein, während der Claret im Norden,
auch in England und Schweden üblicher war. *)

Man trank diese Gewürzweine aus großen Bechern,
die aus Holz gedrechselt waren, und die „Schauer"
hießen. Im mittleren Raum dieser Becher war wohl
eine kleine durchlöcherte Schaale oder Kapsel angebracht, in welche eine Muskatnuß oder anderes Gewürz
gesteckt wurde. Der Fuß und Rand des „Schauer"
war mitunter mit Silber beschlagen. **)

Im siebenzehnten Jahrhundert ist von dem Claret
nicht mehr die Rede. Wenigstens im Bremer Keller

---

*) Wehrmann l. c. S. 87. Note.

**) Man findet noch jetzt zuweilen solche alte rohe Trinkgefäße
in Besitz von alten Brüderschaften. In Bremen bewahrt z. B.
noch die sogenannte „St. Jacobus Minor Brüderschaft" einen
alten hölzernen „Schauer" oder wie eine Schrift dieser Brüderschaft sagt: „Schauwert." Auf der Gewürzkapsel in der Mitte
dieses Bechers ist eine kleine silberne Statuette des Heiligen Jacob
befestigt. Auf dem silbernen Beschlage am Rande und am Fuße
dieses Bechers sind mehre Wappen und Namen eingravirt, aus
denen hervorgeht, daß der Becher in den Jahren 1602 oder 1603
gemacht oder wenigstens mit Silber beschlagen wurde. „Schauer"
(von schauen), d. h. Schaustücke nannte man überhaupt alle großen
Prachtbecher. S. darüber das Bremische Niedersächsische Wörterbuch.

nicht, wohl noch in den Apotheken, woher er ursprünglich
kam und in denen er sich länger hielt. Auch trägt noch heut=
zutage ein hellrother Gewürz=Liqueur den Namen
„Clairette." Vielleicht hat derselbe indeß diesen Namen
von seiner hellrothen klaren Farbe. Der englische
Name „Claret" für die Bordeaux=Weine scheint mit
unserm Gewürzweine nichts zu thun gehabt zu haben.
Unser heutiger „Bischof" ist noch wol ein Abkömmling
der alten „Lautertränke." Etwas in das Capitel der
Gewürzweine Gehöriges mag auch denn der in unsern
Kellerpapieren zuweilen erwähnte „Bitterweyn" ge=
wesen sein.

Ein anderer schon sehr alter Gewürzwein ist der
sogenannte „Alant = Wein," der am Rhein und
anderswo von der bekannten Alant=Wurzel bereitet
wird. Er erscheint als ein beliebtes Getränk
schon im fünfzehnten Jahrhunderte unter den in
Danzig eingeführten Weinen, dort „Olant" genannt.
Auch in Bremen kann man ihn weit hinauf verfolgen
und er ist bis auf die neueste Zeit herab immer vom
Rhein für den Bremer Keller importirt und daselbst
verkauft worden. Erst in den allerneuesten Weinlisten
ist auch dieser Rest aus dem Mittelalter verschwunden.

4) Bier.

Das erste und älteste künstlich bereitete und be=
rauschende Nationalgetränk der Deutschen hat von den
frühesten Zeiten her bis auf das neunzehnte Jahr=
hundert herab, wie in andern deutschen Weinkellern,

so auch in dem von Bremen seinen Platz behauptet. Manche unserer städtischen Keller scheinen sogar anfänglich Bierkeller gewesen und erst nachher Weinkeller geworden zu sein. In Bremen, wie anderswo, war dafür ein eigener Raum im Keller vorhanden. Es wurde an einem eigenen Schenktisch (der "Bierlade") verzapft. Es wurde in alten Zeiten sogar auch als Ehrengabe an hohe Personen eben so wie der Wein verschenkt. Auch hatten manche Aemter z. B. die Weinherren eben so, wie auf Wein, auch auf die Lieferung einer gewissen Quantität Bier ein Anrecht.

Die im Bremer Keller herkömmlichen und beliebten Bierarten haben im Laufe der Zeiten sehr gewechselt.

In ältesten Zeiten gab es in Bremen nur einheimisches Bier, und dieses Bremer Bier war im dreizehnten und vierzehnten Jahrhunderte so gut und im Auslande so berühmt, daß es einen bedeutenden Handelsartikel bildete. Fast in allen Seehäfen des Nordens sprach man von keinem andern Bier, als von dem Bremer.*) Allein die Bremer Bierbrauer behaupteten sich nicht für die Dauer in diesem Range. Sie fingen an, ihr Gerstenbier zu vernachlässigen, zu verdünnen und "mit Haferbier ("Haverenbeer") zu vermischen." So verloren sie in Folge dessen ihre

---

*) „Bremen hedde do alto grote neringe by der zee van erem bere und men ne wiste by den tiden by der zee van anders nenen bere to seggende." Rynesberch und Schene. Edit. Lappenberg. p. 85.

ausgebreitete Kundschaft und die Hamburger und Wismeraner traten seit der Mitte des vierzehnten Jahrhunderts an ihre Stelle. *)

Das Hamburger Bier blühte vorzugsweise am Ende des vierzehnten und im fünfzehnten Jahr= hunderte. Doch behaupten die Bremer Chronisten, daß es sich anfangs der Welt unter dem Namen „Bremer Bier" habe empfehlen müssen, weil dieses den alten Ruf gehabt hätte.**) Bald aber trat es unter seinem eignen Namen auf, und erscheint dann unter ihm auch in Bremen selbst und in unserm Rathskeller. „Die Hamburger wurden in Folge dessen von ihrem Biere so reich und so übermüthig, daß sie nun auch über den Rath und die Stadt Bremen hinausteigen und auf den gemeinen Hansa= tagen den Vorrang haben wollten, was sie in alten Zeiten vor der Verbesserung ihres Bieres nie gethan hatten". ***)

Doch auch die Blüthe des Hamburger Bieres dauerte, — wenigstens in Bremen, — nicht sehr lange. Denn schon in der Mitte des funfzehnten Jahrhunderts wird neben ihm das „Emsche" oder Eimbeckische Bier genannt. Dieses erlangte damals im ganzen nördlichen Deutschland eine große Berühmtheit. Im Jahre 1521 auf dem Reichstage von Worms schickte Herzog Erich von Braunschweig

---

*) Rynesberch und Schene. l. c. S. 85.
**) Rynesberch und Schene. l. c. S. 118.
***) Rynesberch und Schene. l. c. S. 118.

dem Martin Luther zur Stärkung, ehe er vor die
Fürsten trat, eine silberne Kanne mit „klarem, gelbem,
goldigem Eimbeck'schen Bier."

Es wurde in verschiedenen Weinkellern vorzugsweise geschenkt, namentlich auch z. B. in dem Rathskeller zu Hildesheim, der davon noch heutzutage *) bei
den Bauern der Umgegend „der Eimb'sche oder Eimbeck'sche Keller" heißt.

In Bremen war seit 1450 „das ächte Eimbeck'sche
Bier" neben dem „Geismer" das einzige fremde
Bier, das in der Stadt verzapft werden durfte. „Auch
soll Niemand", so heißt es in der Bremischen Polizei-
ordnung von 1450, **) „fremdes Bier innerhalb unserer
Stadt zapfen, es sei denn rechtes Eimbeck'sches Bier
und Gheysmer Bier. Wer das bringt, und will das
zu den Heiligen schwören, daß es Eimbeck'sches oder
Gheysmer Bier sei, dem will der Rath es aufstecken."
Im Bremer Rathskeller wird im sechszehnten Jahrhunderte fast nur Eimbeck'sches Bier genannt. Zuweilen
daneben indeß auch noch Hamburger.

Seit dem Anfange des siebenzehnten Jahrhunderts
wurde aber das Eimbecker Bier seiner Seits wieder
von dem „Minder" (oder Mindener) Bier ab-
gelöst. Im Jahre 1645 beschweren sich die Bremer
Bierbrauer beim Rathe über die starke Einfuhr des

---

*) Nach einer gütigen Mittheilung des Dr. K. Seifart in
Hildesheim.
**) In der sogenannten „Kündigen Rolle." Siehe Delrichs.
l. c. p. 739.

Bieres aus Minden und es wurde darauf auch ein
Mal „per publicum proclama" vom 24. Dec. 1645,
das man von allen Kanzeln abkündigte, geboten, „sich
alles Auszapfens und Verkaufens des Mindener Biers
zu enthalten". Die Lust an diesem Bier muß aber bei
den Bürgern wohl mächtiger gewesen sein, als die
Furcht vor jenem Proclama, da man fortfuhr,
es zu verkaufen und zu trinken. Und die Bremer
Brauer kamen schon 1648 wieder beim Rathe ein
und sagten: „Dieses Bier wäre in der letzten Zeit
so in Schwang gekommen, daß in der ganzen Stadt
sonderbare (besondere) Schenken für dasselbe eingerichtet würden, selbiges auch bei ganzen Tonnen
verkauft und keine Weinschenke ohne zugleich desselben
Bieres Ausschenkung habilitirt würde. Und die Zungen
vieler Leute seien also fremd und verwöhnt worden,
daß ihnen gleichsam kein einheimisches Manna mehr
schmecken und keine Hochzeit ohne Mindener Bier
mehr gelten wolle". *)

Der Senat gab den Bremer Bierbrauern hierauf den
vernünftigen Rath, sie sollten selbst wieder wie ehemals
so vorzügliches Bier brauen, wie die Ausländer, dann
würden sie mit den fremden Bieren wohl concurriren
können, und habilitirte dem herrschenden Geschmacke
folgend auch in seinem Rathskeller das beliebte Mindener
Bier. Dasselbe behauptete sich darin fast 200 Jahre
und war während des siebenzehnten und achtzehnten

---

*) Aus den Akten des Bierbrauer-Amts auf dem Bremer
Staats-Archiv.

Jahrhunderts fast die einzige Biergattung, die daselbst verschenkt wurde. Der Kellerhauptmann war ange-wiesen, „es von dem besten Bierbrauer in Minden zu beziehen". Im Laufe des siebenzehnten Jahrhunderts wurden jährlich für 5 bis 800 Thaler Mindener Bier im Keller verzapft. Nur zuweilen kommt neben ihm auch wohl der bekanntlich im sechszehnten Jahrhunderte in Hannover erfundene und in vielen norddeutschen Städten nachgeahmte „Broyhan" vor.

Das Mindener Bier, oder wie es gewöhnlich ge-nannt wird „Minder Bier" ist bis auf die französische Zeit das eigentliche Bremer Rathskeller-Bier gewesen. Jetzt führt man dort neben dem Weine überhaupt gar kein Bier mehr. Doch heißt bei dem Keller-Personale noch heutiges Tages einer ihrer Schenktische „die Bierlade."

5) Branntwein.

Der Branntwein, der überhaupt erst seit dem zwölften Jahrhunderte durch die Araber, die ihn er-funden haben sollen, im südlichen Europa und seit dem vierzehnten Jahrhunderte im nördlichen Deutsch-land bekannter wurde, ist natürlich in unserm Keller jünger, als der Wein und das Bier. Doch wird er seit der Mitte des fünfzehnten Jahrhunderts unter dem Namen „Barnewyn" oder „Bernewyn" als ein in der Stadt schon übliches Getränke erwähnt.

So viel ich weiß kommt er zuerst in der Bremischen
Polizeiordnung vom Jahre 1489 *) vor.

Es heißt in derselben, daß Niemand „Bernewyn"
verkaufen solle, es geschehe denn mit besonderer Erlaubniß des Rathes und nach Erlegung einer Accise
von zehn Marken (das Faß?). In der Polizeiordnung
von 1450, obwohl darin von anderen Getränken,
Wein, Bier 2c. die Rede ist, kommt noch nichts von
Branntwein vor, und man könnte daraus schließen,
daß sein Consum im Jahre 1450 keinerlei Bedeutung
gehabt habe.

In dem Rathskeller selbst erscheint er auch schon
wenigstens seit der Mitte des sechszehnten Jahrhunderts.
Von da an verkaufte man ihn dort beständig neben
dem Wein und Bier, bezog ihn jedoch, wie es scheint,
ausschließlich vom Rheine und namentlich von Straßburg, das durch seine gebrannten Wasser berühmt
war und noch heutzutage ist. Es werden, so viel
wie ich weiß, keine andere als „Rheinische" und
vorzugsweise „Straßburger Branntweine" im
Keller erwähnt. Doch war ihr Consum natürlich
immer unbedeutend. Er belief sich im achtzehnten
Jahrhunderte auf etwa den zwanzigsten oder dreißigsten
Theil des Weinverkaufs.

---

*) Siehe Oelrichs l. c. S. 660. Die älteste Erwähnung des
Branntweins in Frankfurt a. M. ist vom Jahre 1360. (S. Moritz
Haupt's Zeitschrift für deutsches Alterthum Band VI. S. 261) und
in Danzig vom Jahre 1422. (S. Hirzel l. c. S. 262).

VII. Historische Notizen über die Keller-räumlichkeiten und ihre Schilderung.

Einrichtung des Bremer Rathskellers seit dem Jahre 1405. — Geschichte und Schilderung seiner Räumlichkeiten — Der alte Hauptkeller unter dem Rathhause. — Die „Löve" des Rathhauses über dem Keller. — Die Bauart der Gewölbe. — Die „Logameter" oder Cabinete. — Der Echo-Saal. — Die „Rose." — Das „Priölken." — Dee „Apostelkeller." — Der „Zapf-oder Speisekeller." — Der Börsenkeller und der Börsenbau. — Spätere Erweiterungen des Kellers. — Der „neue" oder „Flaschenkeller." — Der „Priggen Keller." — Bau-Geschichte einiger alter Haupt-Fässer des Kellers.

Es existirt eine Tradition in der Stadt Bremen, wonach das erste städtische Weinlager unter einem Hause an der Ecke des Marktes und sogenannten Grasmarktes deponirt gewesen sein soll. Obwohl diese Sage in keiner Weise dokumentirt werden kann, so muß doch zugegeben werden, daß die ältesten Bremer keinen bessern Platz zu einem Keller hätten finden können, als den bezeichneten am Fuß der sandigen Dom-Düne, zu der die Ueberschwemmungen der Weser nicht mehr reichten. Bei dem in der bezeichneten Stadtgegend im Jahre 1862 begonnenen Bau der neuen großen Börse ist dieses Terrain ganz durchwühlt worden,

und man ſagte mir, man habe keine Spur von alten
Weinkellergewölben mehr gefunden.

Einer andern etwas beſſer begründeten und allge-
meinern Ueberlieferung zufolge hat ſich der im vierzehnten Jahrhunderte in den Bremiſchen Statuten
erwähnte Stadtkeller an der nordweſtlichen Ecke des
Marktes und der Obernſtraße, dem Börſenplatze gegenüber befunden. Neben dieſem alten Keller befand ſich ein
unterirdiſches Gefängniß der ſogenannte „Hurrelberg,“
das auch mit dem Weinkeller in Verbindung geſtanden
haben ſoll. Und ganz dicht neben dem Gebäude oder
„Weinhauſe“, welches über dem Keller gebaut war,
lag die Rathsapotheke. Dieſe Combination von
Weinkeller, Gefängniß und Rathsapotheke war in den
deutſchen Städten eine ſehr gewöhnliche. Auch in
den hintern Partien des Rathskellers zu Hildesheim
zum Beiſpiel oder in dem dortigen ſogenannten „Eim-
beckſchen Keller“ gab es Gefängnißräume, von
denen einer „die Roſe“, ein anderer „der Sterbekeller“
hieß, und von denen auch wohl der ganze Keller, in
deſſen vordern Partien ſich das Wein- und Bierlager
und die Schenke befand, „der Raths-Diebeskeller“
genannt wurde.*) Auch unter dem Hauptrathhauſe
der Stadt Braunſchweig befinden ſich Kellerräume, die
ſowohl als Gefängniſſe als auch zum Aufbewahren

---

*) Noch heutiges Tages exiſtiren jene Gefängnißräume im
Rathskeller zu Hildesheim und werden jetzt zu Weinlägern benutzt.
Nach gütigen Mittheilungen des Herrn Dr. K. Seifart und des
Herrn Dr. Pacht, Archivars in Hildesheim.

der Weine dienten. Auch dort liegen jetzt in der ehe-
maligen Torturkammer Weine.*)

Davon, daß „Raths-Weinkeller" und „Raths-
Apotheke" an den Marktplätzen unserer Städte nach-
barlich neben einander lagen, giebt es eine Menge
Beispiele in unsern alten Städten. Man kann fast
sagen, es war die Regel. Und beide Institute hatten
ehemals auch sonst mehr mit einander gemein als
jetzt. Manche Apotheken waren eben so wie die
Weinkeller für die Weinverzapfung privilegirt, und
waren wie diese Weinschenken. Die Gewürzweine
(Clareten, Lautertränke) wurden für die Weinkeller
zuweilen in den Apotheken bereitet. Auch den
Branntwein, als er aufkam, verkaufte man zuerst in
den Apotheken, darnach auch in den Weinkellern. In
manchen Städten stand Apotheke und Weinkeller unter
derselben Verwaltung. Auch in Bremen scheinen die
Apothekerherren und die Weinherren zuweilen an demselben Tage dem Rathe ihre Rechnungen abgeliefert
und dabei eine gemeinsame Rechnungs-Mahlzeit gefeiert zu haben.

Leider haben wir sehr wenige bestimmte Nachrichten von jenem alten Bremer Keller und dem über
ihm befindlichen „Weinhause." Doch findet sich in
den Bürger-Convents-Verhandlungen von 1638 eine
Vorstellung des Raths an die Bürgerschaft, worin
derselbe sagt, „daß das frühere Weinhaus s e h r a l t

---

*) S. Alterthümer der Stadt und des Landes Braunschweig.
Braunschweig 1841 S. 20.

9

gewesen sei, und daß es daher die Noth erfordert
habe, daß es neu gebaut werde."*) War das Weinhaus
schon kurz vor dem Jahre 1638 sehr alt und bau=
fällig, so mag es noch wohl das erste ursprüngliche
lange vor dem jetzigen Rathhause gebaute Rathskeller
haus gewesen sein. Das kurz vor 1638 gebaute neue
Weinhaus sieht man als ein hohes und stattliches
Gebäude neben der Rathsapotheke auf mehren An=
sichten und Abbildungen des Bremer Marktplatzes,
die um die Mitte des 17ten Jahrhunderts gemacht
wurden, paradiren; und es trägt auf ihnen noch immer
die Bezeichnung „Domus Vinaria" (Weinhaus). Es
gehörte damals auch noch zum Wein=Keller=Institute,
und diente den Keller=Hauptleuten als Wohnung. Im
Jahre 1674 wird in einer Bürger=Convents=Ver=
handlung geklagt, daß dieses Haus nun wüste und
ledig stände und verkauft oder verheuert werden sollte.
Im Jahre 1685 wurde es für 4000 Thaler verkauft
und gerieth so in Privatbesitz. Doch wurde es auch
darnach noch lange von Privatleuten zum Wein=
handel benutzt. Im 19ten Jahrhundert wurde es
völlig umgebaut, und jetzt wohnen keine Weinhändler
mehr darin.

Im Jahre 1405 wurde der Bau des jetzigen
Rathhauses begonnen und hiermit auch — da der
Rath beschloß, das unter seiner Aufsicht stehende
Stadt=Weinlager mit in das für seine Sitzungen be=

---

*) Aus auf dem Bremer Schütting vorhandenen Auszügen
aus den Bürger=Convents=Verhandlungen.

stimmte Gebäude aufzunehmen — die Einrichtung
des neuen noch jetzt existirenden Raths-Weinkellers.
Das alte vor 1405 existirende Rathhaus, das an der
Ecke der Söge- und Obernstraße gelegen haben soll,
scheint keinen Keller gehabt zu haben. Auch auf dem
für das neue Rathhaus gewählten Platze kann vor
1405 kein Keller — wenigstens kein öffentlicher
existirt haben. Denn es war derselbe theils von
einem alten verlassenen Hause, das ehemals einem
später vertriebenen Bürgermeister Gottschalk Freese
gehört hatte, theils von dem Amthause der Lohgerber
besetzt. Diese Häuser wurden weggebrochen und der
Keller wie das Rathhaus ganz von Neuem ausge-
graben und aufgebaut.

In den alten über den Rathhausbau noch vorhandenen Rechnungen wird gesagt, daß das Keller-
gewölbe 20 Säulen oder Pfeiler zu Stützen erhalten
habe und diese 20 Pfeiler finden sich noch heutzutage
in dem Hauptkörper des Kellers, der gerade die
Größe des über ihm befindlichen alten Rathhauses
besitzt. Aus denselben Rechnungen ersehen wir auch
noch, daß jeder der zu diesen Pfeilern benutzten großen
„grauen" Steine fünf „Verdinge" oder eine Mark
und 8 ₰ gekostet habe.*) Dieß ist aber fast Alles,
was wir über den ursprünglichen, später verschiedentlich

---

*) Die Worte in den Rechnungen lauten so: „Pylre in dem
wynkelre de scholen wesen twintich, Item da he uns de
XX pylre brachte da gheve wy em XXV Mark dat was
vor enem jewelken pylre V verdingh."

erweiterten Kellerbau erfahren. Das Rathhaus war
nach einigen Jahren (1406 oder 1407) fertig,* und
vielleicht wurde nun gleich das städtische Weinlager
in seinen Keller transportirt und der Weinhandel
darin eröffnet. Möglich, daß man nebenher auch noch
eine Zeit lang den alten Keller unter dem „Domus
Binaria" benutzte.

Der im Jahre 1406 oder 1407 vollendete Keller
ist immer das Haupt-Gewölbe des ganzen Lagers
geblieben und ich will mich, ehe ich zu den späteren
Erweiterungen übergehe, zuerst mit ihm beschäftigen.
Er ist wie das Rathhaus selbst von Nordwesten nach
Südosten etwa 140 Fuß lang, und von Nordosten
nach Südwesten etwa 50 Fuß breit.   Man erkennt
innerhalb dieser Dimensionen noch überall die alten
Grundmauern des Hauptkörpers des Rathhauses.

Er hatte wie es scheint von vornherein und hat
auch noch jetzt seinen Haupteingang im Nordwesten
nahe bei der Hauptthüre des Rathhauses. Ueber der
Thür des Kellers und seiner Treppe scheint das Wappen
der Stadt Bremen entweder gemalt oder in Stein
gemeißelt gestanden zu haben. **)   Außerdem schirmte
den so geschmückten Eingang des Kellers die sogenannte „Löve" (Laube) ein auf Pfeilern stehender

---

*) Dr. Ehmck und Dr. Schumacher Denkmale der freien Stadt
Bremen.   Bremen 1862 S. 7.

**) Ich habe eine Andeutung dieses Wappens auf einem
alten Bilde des Rathhauses gefunden.

Anbau des Rathhauses, der vermuthlich schon gleich mit dem Rathhause selbst (Anno 1407) oder doch nicht lange nachher entstand.*)

Anfänglich scheint diese „Löve" nichts als ein Ueberbau des Keller-Eingangs gewesen zu sein. Später (im Jahre 1635) wurde noch ein kleines mit vielen Fenstern versehenes Zimmer, die sogenannte „Stern-kammer", in die man vom Rathhause eintrat, darauf gesetzt. Doch wurde auch dann noch wohl das Ganze mit dem alten Namen „Löve" genannt.**) In ganz alter Zeit (im 15ten und 16ten Jahrhundert) soll diese Löve, die mit ihren Säulen gleichsam die Hauptpforte des Weinkellers bildete, jährlich zu Pfingsten mit jungen Maibäumen geschmückt worden sein. Vielleicht hatte diese Ausschmückung und die dabei stattfindende Feierlichkeit eine Beziehung zum Wein-keller. Auch in andern Städten feierte der Rath und sein Weinkeller-Departement auf dem Markte ein Fest bei der Ankunft neuer Weine, oder auch — da wo es Weinbau gab, — bei der Wein-Aerndte. Auch wurde seit dem 15ten Jahrhunderte von dieser „Löve" des Bremischen Rathskellers jährlich ein Mal die sogenannte Kündige Rolle (die Polizei-Ordnung) der Stadt verlesen. Die Bürger versammelten sich dabei vor der Thür des Weinkellers. Löven oder Löben oder Lauben ähnlicher Art und zu ähnlicher Benutzung

---

*) S. Senator Deneken Geschichte des Rathhauses in Bremen S. 10. und „Denkmale" 2c. S. 7.

**) S. Bremisch-Niedersächsisches Wörterbuch S. 79.

gab es im Mittelalter in vielen deutschen Städten. Auch die kaiserlichen Palatiums hatten Löben oder Lobbiums, „unter denen die placita regalia gehalten wurden." Auch in Braunschweig wurden die Polizei= gesetze der Stadt, dort „das Echte Ding" genannt, jährlich ein Mal von der Laube des Rathhauses ver= lesen. Und deßgleichen war dort, wie in Bremen, und wie auch in anderen Städten der Eingang zum Rathskeller unter der Laube des Rathhauses.*) In neuerer Zeit ist die alte Laube und Sternkammer vor dem Bremischen Keller weggebrochen.

Der Haupt=Raum des Kellers, in den man auf einer alten oft renovirten Treppe gelangt, stellt sich im Ganzen noch so dar, wie er im 15ten Jahrhunderte gebaut wurde. Die 20 Pfeiler und ihre Gewölbe sind wie gesagt noch die alten, ob= gleich das innere Arrangement, die Vertheilung der Fässer und der Sitzbänke zwischen ihnen vielfach ge= wechselt haben mag.

Jetzt paradirt in dem mittleren Bogen=Gange eine Reihe großer Fässer. Vor ihnen liegen auf der Licht= oder Südwest=Seite des Kellers etwas kleinere Fässer, zwischen denen freie Räume abgetheilt und mit Tischen und Bänken für Gäste versehen sind, der Art, daß jede dieser Abtheilungen das bunt geschmückte An= gesicht eines großen Fasses im Hintergrunde hat.

Außer diesen offenen Sitzplätzen finden sich noch

---

*) S. Dr. H. Dürre Geschichte der Stadt Braunschweig. Braunschweig 1861 S. 714.

auf derselben Licht- oder Südwestseite des Kellers an
oder eigentlich in den Grundmauern des Rathhauses
eine Reihe kleiner Cabinete, die gegen den Keller mit
Glasscheiben und Thüren versehen sind und von außen
her durch Fenster, welche sich nach dem Markte öffnen,
erleuchtet werden. Diese kleinen engen gemüthlichen
Cabinete, in alten Zeiten „Logamenter“ genannt, hat
im Anfange des 17ten Jahrhunderts ein Holländischer
Baumeister eingerichtet. Schon Abraham Saur beschreibt sie in seinem im Jahre 1658 publicirten
Städtebuche und lobt es, daß sie auch im Winter
durch Oefen oder Camine so gemüthlich gewärmt
würden.

Gleich in der allererſten Zeit bekamen auch
in dieser Partie des Kellers die Lohgerber, die
wie ich sagte, auf dem Bauplatze des Rathhauses
ihr Amthaus beseſſen hatten, zur Entschädigung einen
eigenen Raum und eine Bank zu ihren Sitzungen.
Das Wappen des Lohgerber-Amtes, zwei Ramms-
hörner (Widderhörner) war in der ihnen beſtimmten
Kellerabtheilung an der Wand gemalt. Es soll noch
jetzt daselbst an der Wand stehen, obgleich nun un-
sichtbar und weiß überkalkt. Die jetzige Uebertünchung
der Kellergewölbe soll auch noch sonst manchen ursprünglichen Schmuck verdecken. Wo sie abfällt,
kommen bunte Farben und Blumengewinde zu Tage.

Etwa ein Drittel des Kellers ist durch eine
Quermauer von dem Hauptraume abgesondert, und
wieder in zwei Gemächer, ein größeres und ein
kleineres abgetheilt.

Der größere dieſer beiden Räume, etwa 40 Fuß
im Quadrat, der auf der Süd= oder Licht=Seite des
Kellers liegt, heißt jetzt: der „Echoſaal,“ weil längs
eines ſeiner Pfeiler und Gewölbe ein merkwürdiges
akuſtiſches Spiel, eine Fortleitung des leiſeſten Ge=
flüſters ſtattfindet. Wann dieſer Saal eingerichtet
wurde, und zu welchem Zwecke er anfänglich gedient
habe, iſt mir nicht bekannt. Jetzt iſt er ein jedem
Beſucher des Kellers zugängliches Lokal, das übrigens
auch zu beſonderen Feierlichkeiten oder Geſellſchaften
hergegeben und gemiethet werden kann.

Das kleinere der beiden im Hintergrunde des
Kellers befindlichen Gemächer, das im Nordoſten an
den „Echo=Saal“ anſtößt und alſo auf der Schatten=
Seite des Kellers liegt, übrigens vom Hauptkeller her
ſeinen eigenen Eingang hat, iſt die berühmte ſoge=
nannte „Roſe“, ein Raum von 40 Fuß Länge und
etwa 20 Fuß Breite, in welchem die älteſten und
koſtbarſten Weine des Kellers aufbewahrt werden.
Schon die alten Römer hatten die Gewohnheit in
den hintern Partien und auf der Nordſeite ihrer
Keller ihre beſten alten Weine zu deponiren. Daſelbſt
hatten dieſelben die meiſte Ruhe, Schutz vor Licht,
und vor dem durch den Keller=Eingang eindringenden
Luftzuge, lauter Wohlthaten, die man den alten
Weinen zu ihrer langſamen Reife verſchaffen muß.
Es iſt daher wahrſcheinlich, daß auch die alten Bremer
„Firne=Weine“ ſchon ſehr lange und vielleicht von
Anfang an in der angezeigten Nordoſt=Ecke des hintern

Kellers deponirt gewesen sind. Leider ist es mir völlig unbekannt geblieben, wann man zuerst auf diese Idee kam, und wann man „die Rose" einrichtete. Was ich über diesen Punkt und über die erste Niederlegung alten „Ferne-Weins" erfahren konnte, habe ich schon oben aufgeführt. In den Aufzeichnungen aus dem 17ten Jahrhundert wird zuweilen von einer „alten" von einer „großen" und von einer „kleinen Rose" gesprochen, welche Ausdrücke ich nicht zu erklären vermag. Jetzt giebt es im Bremer Keller nur einen einzigen einförmigen, unabgetheilten Rose-Wein-Raum.

In der Mitte des Plafonds dieses Raumes befindet sich eine colossale Rose jetzt auf einem etwas erhabenen Runde, einer Art Schild, gemalt. Man benannte in alten Zeiten häufig auch anderswo besondere Abtheilungen der Stadt-Keller-Gewölbe nach Blumen. Ich erwähnte schon „der Rose", als eines besondern Gemachs im Hildesheimer Keller. Ein anderer Kellerraum in Hildesheim hieß „die Lilie."*) Auch im Lübecker Rathskeller gab es ein Gemach, welches „die Rose" genannt wurde und der berühmten dortigen Cirkel-Compagnie als Versammlungs-Lokal diente. Ein anderes Gemach im Lübecker Keller hieß „die Linde", und unter dem Plafond desselben war ebenso ein Lindenbaum dargestellt, wie in dem Bremer Rosenkeller eine

---

*) Nach einer Mittheilung des Dr. K. Seifart.

Rose.*) Daß man in Bremen dem Gemache der kostbarsten und duftigsten Weine diesen Blumennamen gab, scheint ziemlich natürlich. Vielleicht dachten auch unsere Alten, als sie dieses Symbol wählten, an die Beziehung der Venus, der die Rose heilig war, zum Bachus, wie dieß in einem lateinischen Verse ausgedrückt ist, der rings um das colossale Rosenbild herumläuft und so lautet:

Cur Rosa, flos Veneris, Bacchi depingitur antro? Causa, quod absque mero frigeat ipsa Venus.

(Warum die Rose, die Blume der Venus, in der Höhle des Bachus gemalt wird? — Weil ohne den Wein selbst Venus friert!)

Vielleicht auch dachte man dabei an das schon sehr alte Sprichwort: „Jemandem etwas sub rosa, (unter dem Siegel der Verschwiegenheit) mittheilen", was wohl nicht erst von dieser Bremischen Rose oder von andern ihr ähnlichen Rosen abzuleiten ist, und setzte die Rose hin, um die redseligen Weintrinker und ihre Zuhörer zur Verschwiegenheit zu ermahnen. Diese Idee hat ein anderer an einer Wand des Rose-Kellers angebrachter Vers aufgefaßt, welcher so lautet:

Est Rosa flos Veneris cujus quo facta laterent Harpocrati haec matris dona dicavit Amor Inde

---

*) Dr. Wehrmann l. c. S. 121. Nach einer mir gemachten gütigen Mittheilung des Herrn Amtsrichters Strackerjan in Oldenburg kannte man auch im Oldenburger Rathskeller den Ausdruck „Rose." „Man sagte im siebenzehnten Jahrhundert von den im dortigen Rathskeller trinkenden Gästen: sie sitzen unter der Rose."

Rosam Bacchi depictam cernis in antro libera
quae sub ea dicta tacenda scias.

(Es ist die Rose der Venus Blume, und damit
ihre Spiele verborgen bleiben mögen, hat Amor diese
Gaben der Mutter dem Harpocrates (dem Gotte der
Verschwiegenheit) gewidmet; daher erblickst du die
Rose in der Höhle des Bachus gemalt, damit du
wissest, daß die unter ihr gesprochenen freien Reden
verschwiegen bleiben müssen).

Einige andere Verse an den Wänden des Rose-
Gemachs verkünden des alten Nektars Ruhm und
Werth. So dieser:

„Was Magen, Leib und Herz, Saft, Kraft und Geist
                  kann geben,
„Betrübte trösten mag, Halbtobte kann beleben,
„Theilt diese Rose mir. Sie hat von hundert Jahren
„Den Preis, ein edles Oel mit Sorgfalt zu bewahren.“

Und noch einige andere Verse scheinen den alten
Rosen-Wein dem Alter vindiciren und die Jugend
von seinem Genusse abmahnen zu wollen:

Hae Rosa luminibus Veneres
Nectarque palato
Objicit exhalans pocula grata cadis
Vina vetusta tenet grandaevi munera Bacchi.
Sint procul hinc juvenes! vos decet iste senes.

(Diese Rose bietet den Blicken der Liebe Freuden
und Nectar dem Gaumen. Liebliche Balsamdüfte
aushauchend holt sie Dir willkommene Becher aus den
Fässern, und bewahrt in ihnen die alten Weine, des
hochbejahrten Bachus Gaben. Jünglinge mögen davon

bleiben! Euch, Ihr Greise, ist es heilsam.) Ehemals waren
diese Verse, die von einem alten Bremer Herrn aus der
Mitte des 18ten Jahrhunderts herrühren sollen, auf der
Wand selber al fresco gemalt. In neuerer Zeit hat man
sie umgeschrieben, auf Leinwand gesetzt und in Rahmen
gefaßt an den Wänden aufgehängt. Sie haben
zwar weder bedeutenden historischen noch poetischen
Werth. Doch durften sie, so schien es mir, in einer
Schilderung dieses ehrwürdigen Raumes nicht fehlen.

Im Uebrigen ist der Rosekeller äußerst schmucklos
und eben so auch die Fässer, in denen die alten Weine
schlummern. Es sind deren jetzt 12. Bis zum Jahre
1840 waren es 14. Damals zog man den Inhalt
von zweien von ihnen auf Flaschen, und legte sie
nicht wieder an. Jedes Faß faßt ungefähr 5 Oxhoft,
so daß also jetzt etwa 60 Oxhoft von diesen ältesten
Weinen vorhanden sind. Die Fässer selbst haben kein
großes Alter. Denn sie sind schon oft morsch geworden und dann durch andere ersetzt worden. Bei
solchen Gelegenheiten nahm man aber keine ganz
neuen Fässer von frischem Holze, wählte vielmehr
solche, auf denen schon ein ähnlicher alter Wein gelagert hatte, und die seinen Duft schon angenommen
hatten. Die Rose-Weine werden, um sie möglichst
selten zu stören, nicht so oft aufgefüllt, wie die jüngeren
Weine. Während man diese alle Monate auffüllt,
geschieht es in der Rose nur alle 6 Wochen.
Sämmtliche Rose-Weine sind Rüdesheimer und man
nimmt zu ihrer Auffüllung einen möglichst ähnlichen
und auch im Alter zunächst stehenden Rüdesheimer

aus andern Partien des Kellers. Dieser eignet sich alsbald die Qualitäten des ältern Gewächses, mit dem er sich vermischt, an, und dasselbe bewahrt daher immer seinen zweihundertjährigen Charakter und Geist.

Die bisher genannten Räume liegen wie gesagt noch innerhalb der alten dicken Grundmauern des Rathhauses, die ohne Zweifel die ältesten Partien des Kellers umfassen. Nach der Süd-West- oder Markt-Seite hin ist der Keller aus begreiflichen Gründen nie mehr erweitert worden. Der Markt-verkehr würde zu viel Störungen und Erschütterungen der Gewölbe veranlaßt haben. Dagegen haben 1) auf der Nord-Ost-Seite, wo sich ein stiller bis auf den heutigen Tag bloß von Fußgängern passirter Kirchhof (der Lieben Frauen Kirchhof) befand und 2) auf der Nordwestseite, wo ebenfalls ein dem Wagen-Verkehr nicht ausgesetzter Platz war, verschiedene Erweiterungen stattgefunden.

Ich wende mich zunächst der Nord-Ostseite zu. Hier wurde um das Jahr 1550 das Rathhaus selbst durch einen bedeutenden Anbau erweitert. Mit den Grundmauern dieses Anbaus ging man natürlich tief in den Sandboden des Terrains hinab, und dieß gab dann zu einer gleichzeitigen Erweiterung des Wein-kellers Veranlassung. Man legte unter dem neuen Anbau Gewölbe an, und setzte diese Gewölbe, indem man die alten dicken Grundmauern des Hauptkörpers des Rathhauses durchbrach durch Thüren mit dem alten Kellerstücke in Verbindung. Der so entstandene neue Kellerraum ist etwa 100 Fuß lang und 20 Fuß

breit, und wurde durch Quermauern in drei Räume,
einen größeren mittleren und zwei kleine an den Enden
abgetheilt.   Es ſind der ſogenannte „Apoſtelkeller",
das ſogenannte „Priölken" und der Zapf= oder
„Speiſekeller."

Der „Apoſtelkeller" iſt dem „der Roſe"
ähnlich, nur etwas kleiner und niedriger als dieſer.
Er gränzt an ſie und liegt wie ſie ſehr verſteckt im
Hintergrunde des Kellers in ſeiner nordöſtlichen Partie.
Er enthält ebenfalls einen Theil der koſtbarſten und
geprieſenſten Weine des Kellers, die ſogenannten
„Apoſtel=Weine," die gleichfalls in 12 Fäſſern auf=
bewahrt werden.   Dieſe Weine ſind durch die Bank
etwa 100 Jahre jünger als die Roſe=Weine.   Der
älteſte iſt jetzt aus dem Jahre 1718.   Es ſind darunter
ſowohl Hochheimer als auch einige Rüdesheimer. Jedes
Faß (à 5 Orhoft) trägt den Namen eines der 12 Apoſtel
und hat ſeit alten Zeiten einen eigenthümlichen Cha=
rakter bewahrt.   Am meiſten geſchätzt wird der „Judas
Iſchariot" und obgleich Kenner daran zweifeln wollen,
daß er den ihm zugeſchriebenen Vorrang verdiene, ſo
iſt es doch ausgemacht, daß er vorzugsweiſe oft vom
Senate zu Haupt=Ehren=Geſchenken gewählt wurde.
Noch im Anfang dieſes Jahrhunderts bekam der
Herzog von Wellington eine Partie Judas=Wein
zugeſandt.

Die Bremer Poeten und Maler haben ſich mit
dem Apoſtel=Wein nicht befaßt.   Wenigſtens ſind ihre
Fäſſer und Kellerwände ohne Gemälde und Inſchriften.
Leider fehlen mir alle Nachrichten über die erſte An=

legung der Apostel-Weine. Nicht unwahrscheinlich ist es mir, daß man ihren Raum anfänglich mit dem Namen „Kleine Rose" belegte.

Wie der Apostelkeller die östlichste, so ist „das Priölken" die westlichste der in Rede stehenden Keller-Erweiterungen von 1550. Es ist ein ziemlich hohes, etwa 30 Fuß langes und 20 Fuß breites Zimmer. „Priel" oder „Priöl" (Diminutivum „Priölken") heißt im Plattdeutschen eine Sommerlaube oder ein Lusthaus im Garten und überhaupt ein Zimmer, in welchem man sich zu geselligen Freuden vereinigt.* Da der Name sonst aber in Bremen ausgestorben ist, so heißt jetzt „das Priölken" vorzugsweise das in Rede stehende Zimmer im Bremer Keller. Der Senat ließ es sich vermuthlich gleich bei Gelegenheit der Erweiterung des Rathhauses und Kellers im Jahre 1550 einrichten zu seinen Vereinigungen im Keller und um vornehme Gäste darin bewirthen zu können. Es mag in diesen Räumen, wo beim Wein so viele hohe Gäste nachgiebig gemacht oder auch zur Wahrheit gestimmt wurden, manches für die Stadt Bremen wichtige Wort gesprochen und abgemacht sein, und das Zimmer ist wohl einer der interessantesten Räume im Keller. Bestimmt erwähnt finde ich es zuerst in einer Schrift von 1682. Im Jahre 1713 wurde es von Neuem „mit einem Camine und andern Bequemlichkeiten aptiret." Seitdem war es mit allerlei Em-

---

* Bremisch-Niedersächsisches Wörterbuch ad vocem Priel.

blemen, Gemälden, Sprüchen und Vergoldungen aus-
geziert.   Im October des Jahres 1808 wurde beliebt,
daß, statt des Priölken im Weinkeller, ein Zimmer auf
der Börse für die geselligen Vereinigungen des Rathes
möblirt und dekorirt werden solle.   Doch dient noch
heutzutage wieder das Priölken gelegentlich dem Senate.
Es kann auch von Privaten gemiethet werden, und
es werden immer dann und wann Abendmahlzeiten
für fremde Gäste, Brautpaare 2c. darin gefeiert.   Das
große Publikum bezeichnet auch wohl die oben genannten kleinen Cabinette oder „Logamenter“ mit
dem Namen „Priölken.“   Der Ableitung dieses Wortes
nach wäre dagegen nichts einzuwenden.   Doch ist es
gegen den hergebrachten Kellergebrauch.

Zwischen dem „Apostel-Keller“ und dem „Priölken“
in der Mitte liegt der sogenannte „Zapf-“ oder
„Speise-Keller,“ ein Raum von beinahe 50 Fuß
Länge, in welchem Flaschen, Gläser und andere
Keller-Utensilien aufbewahrt und der ausgeschenkte
Wein und die Speisen angerichtet werden.   Aus
diesem Speisekeller führt eine enge Wendeltreppe in
die oberen Theile des Rathhauses hinauf zunächst in
die ehemalige Rathsküche, in welche sie nicht weit
von dem alten Sitzungssaale des Raths ausmündet.
Diese Wendeltreppe, die jetzt am untern Keller-Ende
vermauert ist, hat eine gewisse Berühmtheit erlangt,
weil die Sage geht, daß die Senatoren sich dieselbe
zu ihrer Bequemlichkeit angelegt hätten, um direkt
aus ihrem Sitzungssaale mit ihren hohen Gästen in
den Weinkeller hinabkommen zu können, und die

fremden Besucher des Kellers verlangen vorzugsweise
auch diese geheime Treppe, von der sie gehört haben,
zu beschauen. Da sie aber weder in dem Sitzungs=
saale des Raths, vielmehr in seiner Küche anfängt,
noch auch unten in das Kellerlokal des Senats (das
„Priölken") vielmehr in den Zapf= und Speise=
keller ausmündet, so ist es vielleicht wahrscheinlicher,
daß sie bloß dem Kellerpersonal dienen sollte, um die
Weine, wenn der Rath oben tafelte, bequem von
unten hinauf zu schaffen. Auch in dem Haupt=Rath=
hause zu Braunschweig und ebenfalls in dem Lübecker
Rathskeller gab und giebt es eine ganz ähnlich ver=
borgene Wendeltreppe, und es gehen von der letzteren
ähnliche Sagen, wie von der in Bremen. In den
Unruhen des Jahres 1532 soll sich der Bremer
Bürgermeister Daniel von Büren der Aeltere aus
dem Rathssaale durch die Treppe in den Keller und
von da verkleidet zur Stadt hinausgeflüchtet haben.
Von einer ähnlichen Fluchtgeschichte vermittelst der
Wendeltreppe im Lübecker Keller spricht Dr. Wehrmann.

Um die Mitte des 17ten Jahrhunderts dehnte
man den Keller an dieser nordöstlichen Seite noch
weiter aus. Es wurde im Jahre 1653 die Mauer
unter „der Kämmereikammer" des Rathhauses weg=
gebrochen und der Keller daselbst durch einen neuen
Anbau erweitert.

Noch eine Erweiterung erfuhr der Keller in
dieser Gegend im Jahre 1756. In diesem Jahre
wurden dem Könige von England und Herzoge von
Lüneburg drei kleine „im Schoppenstichle belegene

Domkapitularische Häuser" zum Behufe des Weinkellers
für 400 Thaler abgekauft, „um einen neuen Keller
darunter schießen zu lassen." Diese damals entstehende
Kellerpartie bildet jetzt den sogenannten „Flaschenkeller",
der mit dem „Zapf= oder Speise=Keller" durch einen
breiten als „Austernkeller" benutzten Gang verbunden ist.
Sie heißt noch jetzt bei den Kellerbeamten „der Neue
Keller." Ueber demselben liegt ein kleines Packhaus,
welches man jetzt zur Aufbewahrung von Brenn=
material, Kisten und andern Utensilien, sowie auch
zur Bergung eines kleinen Vorraths Spanischer Weine
benutzt.

Die allerletzte Erweiterung erfuhr der Keller in
dieser seiner östlichen Partie durch Hinzufügung des
sogenannten „Priggen=Kellers." Es existirte unter der
nordöstlichen Partie des Rathhauses, nahe bei dem
Rosekeller schon seit alten Zeiten eine kleine Keller=
wohnung, welche die Residenz des „Profos" oder
„Regiments=Schergen" war. Da ein Mann Namens
Prigge ein Mal diese Würde außerordentlich lange
bekleidete, so identificirte daher das Volk den Namen
des Inhabers mit dem Amte und nannte nach dem
Tode des Herrn Prigge überhaupt alle nachfolgenden
Profosse „Priggen" und ihre unterirdische Wohnung
„den Priggenkeller."*) Später (es muß ebenfalls
bald nach der Mitte des 18ten Jahrhunderts gewesen
sein), wurde dann der Priggenkeller zum Rathswein-

---

*) S. Bremisch=Niedersächsisches Wörterbuch Artikel „Prigge"
(lictor castrensis.)

keller gezogen, und eine Zeitlang von diesem benutzt. In neuester Zeit ist er indeß wieder davon getrennt und Privatleuten abgetreten. Doch hat er noch immer seinen alten Namen „Priggen-Keller" conservirt.

Lange vor allen diesen neuen Erweiterungen, die ich hier nur gleich erwähnt habe, um die nord-östliche Partie des Rathskellers gleich ganz zu be-schreiben, war bereits eine andere Erweiterung nach der nordwestlichen Seite des Rathhauses hin, der ich mich nun zuwende, ausgeführt.

Hier befand sich zwischen dem neuen Rathhause von 1407 und dem „alten Rathhause" ein freier Platz, auf dem von Alters her „Schuhbuden" und einige andere Verkaufslokale standen, und der daher auch „bei den Schuhbuden" genannt wurde.*) Wann unter diesem Platze, den jetzt die Börse deckt, zu allererst eine Keller-Erweiterung angelegt wurde, ist ungewiß. Doch glaube ich die erste Spur davon im Bremer Rathsdenkelbuche, in welchem beim Jahre 1514 „von dem Bierkeller im Osten der Schuhbuden" ge-redet wird, gefunden zu haben.**) Die Bezeichnung „im Osten der Schuhbuden" führt uns in die Nähe

---

*) Nach Peter Koster's Chronik.

**) Die betreffende Stelle im Rathsdenkelbuche, in welcher unter der Rubrik „De ewige Rente" gewisse Staats-Einnahmen aufgezählt werden, lautet vollständig so: „Dat hus bowen dem berkeller int Osten der Schoboden dar nu ynn wonet Kersten Vlamme ghifft alle yar VII mark. (Das Haus über dem Bierkeller im Osten der Schuhbuden, in welchem nun Kersten Blamme wohnt, giebt alle Jahr 7 Mark.)

des alten Weinkellers, und der allgemeine Ausdruck „der Bierkeller" ſcheint auf den öffentlichen oder ſtädtiſchen Bierkeller hinzudeuten. Es wird mir daher wahrſcheinlich, daß hier ſchon im Jahre 1514 eine Partie des Rathskellers exiſtirte, in der man das Bier deponirte. Auf einem alten mit Feder gezeichneten und im Bremer Staatsarchive aufbewahrten Grundriſſe des alten und neuen Rathhauſes fand ich ferner in derſelben Gegend, (im Oſten der Schuhbuden) d. h. da, wo der jetzige Börſenkeller iſt, einen kleinen Keller unter dem Namen „Boden-Keller." Wäre dieſe Schreibart die richtige, ſo könnte man den Namen vielleicht als „Schuhbuden-Keller" deuten. Die Herausgeber des Werkes „Denkmale der Geſchichte und Kunſt Bremens" ſagen, daß dieſer unterirdiſche Raum „der Boten-" oder „Rathsboten-Keller" benannt geweſen ſei und als Gefängniß gedient habe.*) Jedenfalls war dieſer „Boden-" oder „Boten-Keller", eben ſo wie jener „Bierkeller" ein Vorläufer des Börſenkellers.

Dieſer alte „Bier- oder Buden-Keller" mag anfänglich nur ein kleiner Raum geweſen ſein, den man erſt ſpäter erweiterte. Wann dieſe Erweiterung und die Herſtellung eines großen ſchönen gewölbten Kellers bewirkt ſein mag, kann ich nicht nachweiſen. Wahrſcheinlich geſchah es am Ende des 16ten oder am Anfange des 17ten Jahrhunderts. Es ſcheint mir

---

*) Siehe das Werk auf Seite 37 u. 38.

dieß aus den Verhandlungen über den Bau der Börse,
die sich fast durch das ganze 17te Jahrhundert hin-
ziehen, hervorzugehen.

Schon im Jahre 1614 scheinen die Bremer
Kaufleute, die sich seit alten Zeiten unter freiem
Himmel auf dem Marktplatze zur Abmachung ihrer
Geschäfte zu versammeln pflegten, ihr Auge auf den
freien Platz, „Bei den Schuhbuden" genannt, geworfen, und beim Rathe darauf angetragen zu haben,
daselbst ein Börsen-Gebäude errichten zu lassen. Die
Sache fand ich weiß nicht welche Schwierigkeiten, und
der Rath beschloß, wie es in den darüber vorhandenen
Acten heißt „erst den Keller zu vertheidigen" und
den Platz mit „Astrack" (Estrich von Grausteinen)
belegen zu lassen, „damit das Wasser nicht in den
Keller laufe." Dieser „Astrack", der „den Keller"
deckte, scheint 40 Jahre dagelegen zu haben, ohne
daß man etwas Neues für die beabsichtigte Börse
und den Keller unternahm.

Endlich am 7ten October 1644 unterzeichneten
abermals eine Menge Bremer Kaufleute eine Eingabe
an den Senat „um Aptirung einer Börse." Sie
stellten darin vor, „daß sie bisher noch immer, wie
früher, auf dem Marktplatz zusammenkämen, was für
sie aber viele Unbequemlichkeiten habe, da sie nicht
nur dem Regen und Unwetter ausgesetzt wären,
sondern auch vor dem daselbst stattfindenden Lärm
und Hundegebelle oft ihre eigenen Unterredungen nicht
hören könnten, und auch die Schlachter und Fischer
und Marktleute sich unter sie mischten, und ihre Ge-

spräche belauschten. Wollte man daselbst ein Haus
bauen, so würde dadurch nicht nur ihnen selbst ge=
holfen, sondern zugleich auch der unter dem Platze
befindliche „Theil des Weinkellers" und sein „Kost=
bares Gewölbe" noch besser als durch den Astrack
geschützt werden."

Die Kaufleute erlangten damals indeß ihren
Wunsch noch nicht so schnell. Doch geschah wenigstens
wieder etwas für „den Keller". Der seit dem
Jahre 1614 ihn deckende „Astrack" (die Grausteine)
wurde im Jahre 1645 weggenommen und statt seiner
der Platz über ihm „mit kleinen Fliesen oder Klinker=
steinen gepflastert." *) Zugleich wurden die „Schuh=
buden" und andere kleine Gebäude, welche noch auf
dem Platze standen, weggebrochen, derselbe alsdann
mit einem Geländer umgeben und den Kaufleuten
erlaubt, hinfüro auf ihm statt auf dem Marktplatze
ihre Versammlungen zu halten. Der Platz hieß seit=
dem auch nicht mehr „bei den Schuhbuden"
sondern „die Beurse", obwohl ein Börsen=Gebäude
noch nicht existirte.

In diesem Zustande finden wir den Platz auf
verschiedenen Abbildungen der Umgebungen des Rath=
hauses und des Marktplatzes, die aus jener Zeit
rühren, dargestellt. Auch beschreibt ihn Abraham
Saur in seinem im Jahre 1658 gedruckten Städte=
buche, in welchem er sagt, daß im Nordwesten des

---

*) Nach Peter Kosters Chronik.

Rathhauses „die Beurse" sei, ein er hab ner und wie der Markt ohngedeckter Platz, unter welchem und unter dem Rathhause sich der Stadt-Keller befände."

Auch die „Fliesen oder Klinkersteine", mit denen im Jahre 1645 statt des alten Astracks die äußere Decke des Kellers, oder der „Beursenplatz", belegt wurde, „leckten noch ziemlich durch."*) Und da also weder der Keller noch die Kaufleute gegen Regen und Unwetter gehörig geschützt waren, so kam darüber bald wieder Klage vor den Rath. Schon im Jahre 1653, zu derselben Zeit, wo man, wie ich sagte, den Kämmereikeller durchbrach, wurde den Weinherren aufgetragen, zu überlegen, ob nicht auf dem Börsen-platze über der dortigen Abtheilung des Weinkellers, dem sogenannten „Neuen Keller" und zu seinem Schutze ein Gebäude aufgeführt werden könne. Wahrscheinlich zeigte sich in dieser Zeit (kurz nach der Beendigung des dreißigjährigen Krieges) wie in andern Zweigen des Handels auch im Weinhandel ein frisch auf-blühendes Leben und ein Bedürfniß und Verlangen nach besser gesicherten Kellerräumen. Nichtsdestoweniger dauerte es nach 1653 noch ziemlich lange, bis man über die Pläne zu dem intendirten Börsenbau einig wurde. Im Jahre 1684 wurde die Sache wieder „bedeutend angeregt." Und im folgenden Jahre 1685 bemerkte ein Proponent im Senate, (der präsidirende

---

*) Peter Koster.

Bürgermeister), daß nun die Börse durchaus müsse gebaut werden, „damit der Keller unter dem Börsen= platze nicht noch mehr leide und gar zerfiele." Da dem= nach dieser ganze Bau hauptsächlich zum Frommen des Kellers (nebenher freilich auch für die Kaufleute) unter= nommen werden sollte, so war es natürlich, daß man wegen der dazu nöthigen Gelder sein Augenmerk zunächst auf die Geldmittel des Kellers richtete. „Und weilen nun die damaligen Weinherren vermerket, daß der Weinkeller in gutem Stande und außer Schulden sei, so haben sie Anstalt gemacht, den Bau der Börse aus des Weinkellers Einkünften aufzuführen."*)

Endlich im Jahre 1686 wurde denn nun auch wirklich der Bau begonnen, die Arbeiter angestellt und die „Spesen des Weinkellers wurden wöchentlich hergeschossen" um die Kosten zu decken. Doch ging auch so die Sache nicht sehr schnell. Es dauerte noch 11 Jahre bis der Bau vollendet war. Man hatte einen Franzosen, einen Monsieur Proves, der sich bei einigen Raths= und Weinherren eingeschmeichelt hatte, gefunden. (Es war die Zeit des Glanzes Ludwigs XIV., wo von Frankreich alles Heil kam.) Monsieur Proves zeigte sich aber in der Baukunst eben so unerfahren als er geschickt war in der Kunst, sich bei einfluß= reichen Personen beliebt zu machen. Er baute schlecht und langsam, verbrauchte über 20,000 Thaler aus des

*) Peter Koster.

Kellers Spesen, stellte etwas ziemlich Ungeschicktes und
Unbrauchbares her, und suchte endlich, „als seine
Fehler und Unwissenheit ans offenbare Tageslicht
kamen", mit sammt seiner Frau das Weite. Darnach
stellte man einen dänischen Ingenieur aus Oldenburg
beim Bau an, und als dieser darüber hinstarb, gelang
es dann endlich einem eingeborenen Bremer Architekten im Jahre 1695 die Börse zu beendigen und
unter Dach zu bringen.*)

Da das Ganze wie gesagt vor allen Dingen in
der Hauptsache nur ein Schutzdach des Weinkellers
sein sollte, so setzte man die Mauern der Börse auf
die schon existirenden Fundamente und Gewölbe des
Kellers, und jene bekam die Form und Größe, die
dieser bereits besaß. Es zeigt sich in der Construction
der Gewölbe und Säulen des Börsenkellers keine
Spur davon, daß Monsieur Proves und seine Nachfolger daran geflickt, geändert und erweitert hätten.
Sie sind aus einem Guß und zu einer mir unbe-
kannten Zeit, vermuthlich aber, wie ich sagte, im
Anfange des 17ten Jahrhunderts gebaut. Auch der
Styl dieser Gewölbe mit ihren plumpen aber festen
Dorischen Säulen, wie wir sie noch heutiges Tages
vor uns haben, deuten auf diesen Zeitpunkt hin. **)
Sie sind sehr solide und keineswegs ungeschickt gebaut,

*) Siehe die Details des Baues bei Peter Koster.
**) Nach den Aussprüchen eines Freundes und Kenners, der

und der Franzoſe Proves, der nicht ein Mal mit dem
einfachen Hausbau fertig werden konnte und deſſen
Börſe, wie ich gleich zeigen werde, ſchon nach 30
Jahren wieder in ganz deplorablem Zuſtande war,
hätte gewiß ſolche ſolide Gewölbe nicht zu Stande
gebracht.

Dem Allen nach glaube ich daher annehmen zu
dürfen, daß die Gewölbe des Börſenkellers, ſo wie
wir ſie heute haben, dieſelben ſind, welche der Senat
im Jahre 1614 mit „Aſtrack“, im Jahre 1645 mit
„Kieſelſteinen oder Flieſen“ ſchützen wollte, dieſelben
welche die Kauflcute im Jahre 1644 ein „koſtbares
Keller-Gewölbe“ nannten, und auch dieſelben, welche,
indem ſie wie alle Kellergewölbe wegen des nöthigen
Lichtes etwas aus dem Boden hervorragten, den
Städtebeſchreiber Abraham Saur den Börſenplatz als
einen e r h a b e n e n Platz zu ſchildern veranlaßten.
Daß von einem ſo merkwürdigen Bau weder unſere
Chroniſten noch unſere Kellerpapiere eine beſtimmte
Nachricht geben, bleibt freilich auffallend. Den
für die Exiſtenz dieſer Gewölbe im Anfange des
17ten Jahrhunderts beigebrachten Beweiſen gegenüber
iſt aber dieſes Stillſchweigen wieder nur ein Beweis
der Nachläſſigkeit unſerer Chroniſten und der Lücken-
haftigkeit unſerer Kellerpapiere.

Das im Jahre 1695 nach fünfzigjährigen Vor-
bereitungen und Einleitungen und nach neunjährigen

---

die Güte hatte, die Gewölbe mit mir zu beſichtigen und mir ſeine
Meinung darüber mitzutheilen.

Arbeiten von Französischen, Dänischen und Bremischen
Architekten zu Stande gebrachte einstöckige Gebäude
war so schlecht gebaut, daß man schon im Jahre 1733
sich zu einem Neubau und zugleich zur Aufsetzung
einer zweiten Etage entschließen mußte. Man hatte
natürlich wieder Noth wegen der Gelder. Nachdem
etwas zusammengebracht war, hatte man noch 6000
Thaler nöthig. Nach verschiedenen vergeblichen Ver-
suchen diese Summe zu beschaffen, wurde endlich im
Jahre 1736 beschlossen, daß der Weinkeller auch diese
6000 Thaler wieder „negotiiren" solle. Auf die Geschichte dieses Neubaues der Börse gehe ich nicht weiter ein.
Es kam mir hier nur darauf an, den Umstand, daß auch
dabei die Weinherren und der Keller das Beste thaten,
hervorzuheben. Da die Börse des Kellers wegen
projectirt, der Bau in den Jahren 1686—1695, und
dann auch wieder der Neubau im Jahre 1733 aus
den Geldern des Kellers bezahlt wurde, so ist es
natürlich, daß sie daher auch „als zum Weinkeller
gehörig" betrachtet und immer unter „den Immobilien
des Kellers" aufgeführt wurde. Sie stand die ganze
Folgezeit bis auf die dreißiger Jahre des 19ten Jahrhunderts hinab unter der Aufsicht und Verwaltung
der Weinherren und ihres Kellerhauptmanns. Diese
pflegten alle Reparaturen der Börse, auch sogar bei
ihrem Ameublement aus dem Keller zu bezahlen.
Endlich hatten auch die Kellerdiener den Dienst auf
der Börse, warteten z. B. bei den dort gefeierten
Festen auf. Und für dieß Alles bezog denn auch

der Keller gewisse Einkünfte aus der gelegentlichen
Vermiethung der Börsen=Räume.

Die größte und vielleicht älteste jetzt aber ver=
schwundene Merkwürdigkeit des Börsenkellers war das
in ihm befindliche Zimmer der sogenannten
Bergefahrer, einer sehr einflußreichen Societät der
Bremer Kaufleute, die den Handel mit Norwegen be=
trieben. Diese Compagnie bildete sich im Jahre 1550,
blühte etwa 200 Jahre lang und löste sich im Jahre
1757 auf. Außer dem Rathe mit seinem „Priölken" und
außer den „Lohgerbern" mit ihrer „Kellerbank" und
den oben von mir angeführten „Rammshörnern",
waren die Bergefahrer die einzige Corporation, die
sich in dem Bremer Weinkeller etablirt hatte. In
andern Weinkellern, z. B. in dem von Lübeck, scheint
es mehre Corporationen gegeben zu haben. Das
Gemach der Bergefahrer, die auch im Bremer Dome
ihre eigenen großen Gestühle besaßen, befand sich
unter zwei Bögen der Südwestseite des Börsenkellers.
Es bestand daselbst noch lange nach der Aufhebung der
Compagnie und war mit mehren alten Bildern, z. B.
mit einem Gemälde auf Holz, das Karls des Großen
Krönung dargestellt haben soll, geschmückt. Im Jahre
1830 wurde es weggerissen. Doch sieht man an den
bezeichneten Kellerbögen und Pfeilern noch heutiges
Tages einige Spuren der alten Gemäuer der Stube.
Gegenüber an der Nordostwand des Kellers war für
diese Bergefahrer ein kleiner Feuerheerd mit eisernen
Gräten angebracht, auf dem sie der Sage nach ihr

Warmbier und vielleicht auch ihre „Gewürzweine" kochten. Auch von diesen eisernen Gräten hat man in der Neuzeit noch die Spuren gefunden.

Allem Gesagten nach hatten die Keller-Räumlichkeiten in der letzten Hälfte des 18ten Jahrhunderts, als man auch das größte Lager besaß, ihre größte Ausdehnung erreicht. Man hatte wie ich zeigte allmälig den ganzen Börsenplatz und einen Theil des Lieben Frauen Kirchhofs unterminirt. Als man im 19ten Jahrhundert (seit 1810) das Lager wieder bedeutend einzuschränken begann, da sollte sich auch die Ausdehnung der Souterrains wieder zusammenziehen. Namentlich beschloß man den großen Börsenkeller aufzugeben. Man wollte ihn ganz räumen, an Privaten verpachten, fing an, ihm einen eigenen Eingang zu geben und ihn durch eine Mauer von dem alten Hauptkeller abzusondern. Diese Beschlüsse wurden indeß im Jahre 1840, wo sich neue Aussichten zu frischer Blüthe des Keller-Instituts darboten, und wo man wieder nach größeren Räumlichkeiten für den vermehrten Besuch des Kellers verlangte, wieder aufgehoben. Die Verbindung des Börsenkellers mit dem alten Hauptkörper des Kellers wurde wieder hergestellt, der neue Ausgang vermauert, und seitdem haben denn die Keller-Räumlichkeiten jetzt mit einziger Ausnahme des kleinen „Priggenkellers", den man aufgegeben hat, wieder die alte Ausdehnung, die sie 1756 gewonnen hatten.

Zum Schlusse dieses Abschnittes mag ich noch

etwas über die großen Fäſſer, die ſich eben ſo-
wie die Weine in dem Bremer Rathskeller aus alter
Zeit conſervirt haben, nachholen und einige Bemerkungen über ſie machen.   Mit großen Pracht-
Fäſſern excellirten ſchon die Alten.   Bereits der König
von Egypten Ptolemäus Philadelphus ſoll ein Faß
oder einen Schlauch haben anfertigen laſſen, der
52 Fuß lang und 20 Fuß hoch und breit war, und
aus einer unzähligen Menge von Pantherfellen und
andern Materialien zuſammengeſtückt war.   Beim
Rheinwein ſollen große Fäſſer beſonders am Platze
ſein, weil dieſer wie man ſagt auf ihnen ſich beſſer
entwickelt als auf kleinen.   Man findet daher dieſe
großen Fäſſer, ſogenannte „Lager-“ oder „Stück-Fäſſer“,
hauptſächlich in den alten Rheinweinkellern Deutſchlands.
Auch mochte man in alter Zeit dieſe großen Fäſſer beſonders deswegen lieben, weil man die verſchiedenen
Wein-Sorten und Jahrgänge noch nicht auseinander
hielt, vielmehr Schlechtes und Gutes gern durch einander miſchte, um nur mittelgute Qualitäten herzu-
ſtellen.   Vermuthlich waren dieſe großen Lagerfäſſer
etwas Aehnliches wie die coloſſalen Gefäße die ſogenannten Egaliſirungs-Fäſſer, deren ſich noch heutzutage die Rumhändler bedienen, um den Rum, der
ihnen aus Weſtindien in kleinen Gefäßeen von ſehr
verſchiedenen Qualitäten zugeſandt wird, auszugleichen.
Außerdem aber freilich hatte man ſeine Freude wie
an coloſſalen Humpen ſo auch an rieſigen Fäſſern.
Und dieſe ſchmückten die alten „Bänderer“ ebenſo gern

auf allerlei Weise mit Sculpturen, Holzschnitzwerk und Malereien aus, wie die alten „Becherer" ihre „Humpen", „Schauer" und „Römer." Erst in späterer Zeit, als man alle Wein=Sorten und Jahrgänge mehr aus= einander hielt, wurden die colossalen alten Fässer unnütz, leer, und in den meisten Kellern beseitigt. Im Bremen hat man viele „zum Splendeur des Kellers" conservirt und hat sowohl im Börsenkeller als im alten Rathskeller mehre Gruppen aus ihnen gebildet.

Das älteste dieser „Lagerfässer" in Bremen ist „vom Jahre 1655." Im Jahre 1682 ließen die Bremer Weinherren wieder zwei große Fässer bauen, deren Baugeschichte nebst dem Kostenpunkte in den alten Kellerpapieren vollständig vorhanden ist. Sie ließen dazu einen „Meister Andres Müller" aus Hamburg kommen, der auch seine Gesellen gleich mit= brachte, und ebenfalls das Material zu den Fässern das Eichenholz zu Schiff die Elbe hinunter, über die Nordsee=Watten, und die Weser hinauf transportiren ließ. Der Transport kostete 20 Thaler, und die Reise des Meisters und seiner Gesellen 10 ₰ 60 ₰. Auch verzehrte Meister Andres „im Kayser" bei seiner mehr= wöchentlichen Anwesenheit in Bremen, während welcher er die Fässer im Keller aufsetzte, 16 ₰. Die Dauben zu den Fässern kosteten 224 ₰, die eisernen Bänder 105 ₰ und die Gesammtkosten beider Fässer betrugen 426 Thaler.

Auch im Jahre 1723 wurde wieder ein großes

Faß und abermals eins im Jahre 1737 gebaut. Dieses letztere ist das größte im ganzen Keller. Es faßt 120 Oxhoft oder 180 Ohm, und wurde aus Mainz verschrieben. Alle diese Fässer sind mit Ansichten von Städten (Rheingegenden), mit Wappen, insbesondere dem Bremer Stadtwappen, mit vergoldeten Blumen-Guirlanden und auf andere Weise reich geziert. Einige derselben hat man im Hintergrunde des Börsenkellers zu einer Gruppe zusammengelegt, und über einem in der Mitte dieser Gruppe eine alte Bachusfigur angebracht. Dieser aus Holz geschnitzte mit Kränzen geschmückte Bachus, der einen vergoldeten Becher in der Hand hält, mag schon sehr alt sein. Er sieht den in andern Weinkellern Norddeutschlands vorkommenden Bachusfiguren z. B. dem im alten Hamburger Rathskeller sehr ähnlich. Alle diese Norddeutschen Bachusse haben eine gewisse Familien-Aehnlichkeit. Sie sind im Gegensatz zu den eleganten Griechischen Bachus alle sehr wohlgenährt, dickbäuchig und paußwangig, etwas Falstaffartig korpulent, sehen übrigens meist sehr selig und lustig aus.

Wie der Dichter Hauff in seinen bekannten „Phantasien im Bremer Rathskeller" den steinernen Roland vom Markt in den Keller hineinwandern läßt, so haben andere Phantasie-Menschen jene alte Bachusfigur auch gelegentlich wieder zum Keller hinausmarschiren lassen, um auf der Oberwelt Spaß zu verbreiten. Peter Koster erzählt in seiner Bremer

Chronik, daß im Jahre 1619 „Meister Friedrich Reichsstetter, Feuerwerker und Artollerie=Meister der Stadt Bremen" ein Feuerwerk angezündet habe, welches den Bachus auf einer großen Tonne sitzend mit einem Becher in der Hand wie er im Rathskeller zu schauen ist, präsentirte. Meister Reichsstetter stellte sein Feuerwerk nebst andern Dingen sehr zierlich gemalt in einem Buche dar, welches seine Erben 1655 an die Bremer Stadt=Bibliothek schenkten. Dieses Buch ist noch jetzt vorhanden, und wer sich die Mühe nimmt, den dort abgebildeten Bachus mit dem im Börsenkeller auf dem Fasse thronenden zu vergleichen, der wird sich ver= muthlich überzeugen, daß der besagte Meister Reichs= stetter das Thema zu seinem Feuerwerk aus dem Keller der Stadt nahm.

Wie übrigens der beste Wein des Bremer Kellers nach dem, was ich oben gelegentlich über den Johannisberger von 1755 bemerkte, in einer kleinen etwas versteckten Tonne zu finden ist, so ist auch das schönste und nobelste Gefäß ein kleines, ein sogenanntes „Rheinstück" von nur 5 Oxhoft. Dasselbe liegt nicht weit vom Eingange des Kellers und ist durch seine einfache Bauart und ungemeine Solidität bemerkenswerth. Es wurde im Jahre 1780 am Rhein als das Meisterstück eines „Bänderers" gebaut. Es ist wie aus einem Gusse gemacht. Man erkennt daran fast keine Fuge. Die hölzernen Bänder oder Reifen des

11

Fasses sitzen noch so fest wie sie vor 100 Jahren gelegt wurden. Das Eichenholz, aus dem es gezimmert ist, sieht aus wie festes Eisen. Vor dem Zapfenloche liegt das Bild eines treuen Hundes, aus Eichenholz geschnitzt, mit der Inschrift:

„Meister Kratz."

VIII. Vom Handel und Verkehre im Weinkeller.

Schenk- und Trinkstuben im Keller. — Geselliger Verkehr. — Gewisse im Keller etablirte Genossenschaften. — Hochzeiten und andere Feste im Keller. — Im Keller abgemachte Geschäfte.

Rheinwein-Handel des Kellers in der Stadt. — Pflicht der Versorgung der Stadt mit guten Weinen. — An Privaten, Corporationen und an Kirchen gelieferte Weine. — Art der Lichtung der Forderungen im Keller. — Kerbstöcke.

Wein-Handel des Kellers außerhalb der Stadt. — Zunächst mit dem benachbarten Adel. — Spätere Berühmtheit des Kellers und seine Geschäfte in England, Rußland und America.

Daß der Bremer Keller schon frühzeitig eine Weinschenke war und den Bürgern als eine Art allgemeinen Club-Lokals diente, geht schon aus dem oben von mir erwähnten Artikel der Bremer Statuten vom Jahre 1342 hervor, in welchem, wie ich sagte, erzählt wird, „daß der Bürger Marquarde, der Zinngießer, einer ihm verschuldeten Frau ihren „Hoyken" (Mantel) genommen und denselben unter die Bank gesteckt habe."

Wir entnehmen daraus ziemlich unzweifelhaft, daß die Bürger der Stadt, und zwar nicht nur die

11*

Männer, sondern auch die Frauen schon im Anfange
des 14ten Jahrhunderts im Stadt=Weinkeller zechten,
und daß sie daselbst Vorrichtungen zum Sitzen (Bänke)
hatten. Daß in den Weinkellern der deutschen Städte
— sehr im Widerspruche mit den·Sitten der alten
Römer, bei denen den Frauen das Weintrinken bei
Todesstrafe verboten war, — schon in alten Zeiten
auch die Frauen erschienen, zeigt sich auch in der
Geschichte des Weinkellers zu Lübeck. Dort in Lübeck
erließ zwar der Rath ein Mal (im Jahre 1478) gegen
diesen Frauenbesuch auf die Bitte eines Grafen von
Meklenburg, der diese Sitte anstößig gefunden hatte,
ein Verbot, welches jedoch nicht lange befolgt wurde.*)
     In dem neuen Bremer Weinkeller unter dem
Rathhause, der vermuthlich bald nach 1407 dem
Publikum eröffnet wurde, mochten die Bequemlich=
keiten für die trinkenden Gäste bedeutend besser ge=
worden sein, als sie in dem alten gewesen waren.
Schon in einem Weinkeller=Inventare vom Jahre 1420,
dem ältesten dieser Art, welches wir haben, ist von daselbst
vorhandenen „Tafellaken" und von „silbernen Schalen"
von „zinnernen Gefäßen" („Ständen") und von „16
Quarten" die Rede. Auffallend ist es, daß in diesem
Inventare, in welchem noch sonst einige metallene
und hölzerne Gegenstände vorkommen, noch durchaus
keine Gläser erwähnt werden. Sogar ·in einem
Inventare vom Jahre 1599 kommen noch keine Gläser
vor, obgleich da des Silbers schon ziemlich viel ist,

---

*) S. Wehrmann. l. c. S. 94.

nämlich mehre „silberne Schalen 29 Loth schwer",
auch andere „silberne Schalen mit dem Stadtwappen,"
und kleine silberne „Probeschaleken." (Probir-
Schälchen).

Für den „Claret" und andere Gewürzweine hatte
man vermuthlich damals auch im Keller noch jene
großen aus Holz gedrechselten und zuweilen mit Silber
beschlagenen Becher, die man nach Dem, was ich
oben bemerkte, um diese Zeit im Besitze von Brüderschaften findet.   Trinkgläser und zwar „Römer" finde
ich zuerst in einem Verzeichnisse aus dem Anfange
des 17ten Jahrhunderts (vom Jahre 1634) erwähnt,
obgleich sie damals schon länger in Gebrauch sein
mochten.   Eine Sorte sehr großer gläserner Becher,
die zu jener Zeit üblich waren, nannte man „Römisches
Reich", weil auf ihnen der Deutsche Reichs-Adler und
alle Wappen der Curfürsten, Fürsten, Reichs-Grafen,
Städte und anderer Reichsmitglieder in Farben
angebracht waren.   Es finden sich noch jetzt in
Bremen solche „Römische Reichs-Becher" im Privat-
besitze.   Auch in dem Raths-Weinkeller von Braunschweig finden sich (im Jahre 1600) dergleichen Becher
erwähnt.

Aber sogar noch im Jahre 1682 sind nach einem
Inventare aus diesem Jahre nicht nur die „Bierkröse"
(Bierkrüge) durchweg, sondern zum Theil auch die
„Weinkröse" so gut von Metall (Zinn) wie die in
demselben Inventare vorkommenden „Thranlampen"
„Salziere" (Salzfässer), „Krutpötken" (Töpfe für süßen
Saft) und „Butterbözen." Die Vornehmen tranken

aus „filbernen Krösen mit silbernem Lid" (Deckel.)
Wenn bei den Trinkgefäßen auf diese Weise das
Material nicht sehr angenehm war, so war ihre Größe
desto bedeutender. Es werden in dem Inventare von
1682 eine ziemliche Anzahl von „Quart-Krösen"
und „Halbstübchen-Krösen" aufgezählt, welche letztere
also ungefähr 2 Flaschen faßten.*) Doch figuriren
darin auch kleine silberne Weinbecher und Branntwein-
schälchen. Es werden namentlich „silberne Kröse"
(Trinkkrüge) und silberne Branntwein-Näpfchen aufgeführt.

Die von unsern jetzigen Dichtern vielgepriesene
Musik des Becherklanges scheint dem Allen nach in
unserm Keller nicht sehr alten Datums zu sein. Ich
mag übrigens dabei bemerken, daß es auch anderswo
lange Gebrauch blieb, gewisse süße Weine nur aus
Silber zu trinken, als man den Rheinwein längst aus
Gläsern trank, so wie auch daß süße Liqueure hie und
da z. B. auf den Edelhöfen in Polen, Liefland, Cur-
land und Schweden noch jetzt meistens nur aus silbernen kleinen Schälchen getrunken werden.**)

Auch als gläserne Gefäße mehr aufkamen, waren diese
anfangs sehr plump und zum Theil colossal. Noch
jetzt werden in der sogenannten „Silberkammer" des

---

*) Auch in andern Weinkellern z. B. in dem von Braunschweig
gab es damals solche „Halbstübchen-Krüge."

**) Daher auch dieß Liqueurtrinken vor Tisch selbst wohl
„das Schälchen" genannt wird. Man spricht: „Haben Sie schon
Ihr Schälchen genommen"?

Raths zu Bremen einige gläserne „Römer" aufbewahrt, die jeder wohl eine bis zwei Flaschen fassen.

Demselben Inventare vom Jahre 1682 zufolge war damals ein Camin oder „Feuerheerd" mit Tischen davor im Keller eingerichtet, und Abends waren an den Pfeilern „Spiegel-Lampen" aufgehängt, die aber gleichfalls unter den Zinn-Sachen aufgeführt werden.

Die Gelegenheiten und Veranlassungen zu Vereinigungen und Gesellschaften im Keller waren in alten Zeiten viel mannichfaltiger als jetzt. Vorerst war es eine uralte deutsche Sitte, Käufe und andere Geschäfte beim Weine abzuschließen und mit einem Trunk zu besiegeln. Daher kam man denn nicht bloß zum müssigen Trinken in den Keller. Vielmehr war dieser auch ein Geschäfts-Lokal. Namentlich schloß man vorzugsweise den Kauf von Häusern und Grundstücken im Weinkeller ab. In Bremen (deßgleichen in Cöln und Frankfurt) bekam dabei auch der Gerichtsschreiber den sogenannten „Frede-Wein" zu trinken, der in einem Viertel des besten Zapfweins bestand. Auch pflegten die Kaufleute ihre Schiffskapitäne in den Keller zu führen, um mit ihnen daselbst beim Weine ihre Schiffs-Rechnungen abzumachen. Bis zur Mitte des 17ten Jahrhunderts versammelten sich die Bremer Kaufleute unter freiem Himmel in der Nähe des Kellers auf dem Marktplatze, und gewiß benutzten sie dabei unter Umständen den Keller auch sonst noch vielfach für Abmachung ihrer Geschäfte. Aus mir gütigst mitgetheilten Familien-Papieren geht hervor, daß man sogar noch im Jahre

1700 Gelddarlehen häufig auf dem Keller abschloß. Da wie ich sagte auch einige alte Corporationen, die Lohgerber und Bergefahrer, im Keller angesiedelt waren und daselbst ihre eigenen Lokalitäten besaßen, so gab auch dieser Umstand wieder wohl Veranlassung zur Abmachung von Geschäften und ließ den Keller zum Theil die Rolle einer Börse spielen. Jene kaufmännischen und gewerblichen Corporationen feierten auch ihre Jahresfeste und sonstigen Jubeltage im Keller. Es mögen dabei zu Zeiten auch im Bremer Keller solche große und feierliche Prozessionen „mit brennenden Fackeln und Musik“, wie Herr Dr. Wehrmann*) sie als im Lübecker Keller üblich schildert, vorgekommen sein.

Wie die Bergefahrer und Lohgerber, so stellte auch vor allen Dingen der Rath der Stadt in seinem „Priölken“ zuweilen solche Feste an, namentlich wenn es galt einen vornehmen Gast zu ehren. Außer den Gastmählern und Festivitäten, die man ihm anderswo gab, mußte ein solcher Gast auch ganz besonders noch in dem berühmten Bremer Keller selbst mit einem Ehrentrunke gelabt werden. Und dabei war es, wie man sagt, Gebrauch, daß der geehrte Fremdling von den Einheimischen besiegt, d. h. unter den Tisch getrunken werden mußte. Gelang dieß nicht, so galt es gewissermaßen als ein übles Omen für die mit ihm eingefädelten politischen Unterhandlungen. War er ein recht harter Kopf, so war

---

*) l. c. S. 95.

man darauf bedacht, ihm einen ihrer eigenen
tüchtigsten Trinker gegenüber zu stellen. Zuweilen
wollte es dennoch nicht gelingen, und dann
wurde wohl noch von auswärts Hülfe herbeigerufen,
so z. B. einmal, wie man in Bremen erzählt, gegen
einen kaiserlichen Gesandten, den man nicht herunter-
kriegen konnte, ein Amtmann von Blumenthal, der
wirklich über den besagten hartnäckigen Gesandten
triumphirt und noch eine Zeitlang fröhlich weiter
gezecht haben soll, als sein diplomatischer Gegner
längst gegen alle Freude unempfänglich geworden war.
Gelegentlich mag ich hierbei die Bemerkung einschieben,
daß es nach dem Zeugnisse unseres großen Philo-
sophen Kant in früheren Zeiten sehr gerathen war,
nicht bloß nach Bremen, sondern auch an andere
Mächte Leute mit einem starken Kopfe und „die viel
trinken konnten, ohne sich zu betrinken“ als Gesandte
abzuschicken, weil an mehreren — namentlich an nordischen Höfen — lange Zeit die Sitte existirte, „die
fremden Diplomaten betrunken zu machen, um sie
auszuforschen oder zu bereden.“ *)

Wie beim Rathe so war es auch bei den Bürgern Bremens eine alte Gewohnheit, Bekannte aus
der Fremde und Gastfreunde alsbald in ihren alten
Keller zu führen und sie da mit dem Nektar vom
Rhein zu regaliren. Und diese Sitte steht noch heutiges Tages in Bremen in voller Kraft.

Wie Commerz, Diplomatie und Gastfreiheit, so

---

*) S. Imm. Kants Anthropologie. Königsberg 1798. S. 74.

hat auch der gute Freund des Bachus Gott Amor
von jeher nicht wenig zur Belebung des Kellers bei-
getragen. Die Verlöbnisse wurden bei dem sogenannten „Brautkauf" von Seiten des Bräutigams
und der Braut durch Wein bestätigt. Die kleinen
traulichen Cabinette oder „Logamenter" könnten wohl
manchen kleinen Roman erzählen, der bei Rüdesheimer
und Malvasier eingefädelt und zum Schluß gebracht
wurde, und dem man dann nachher im „Echo-Saale"
oder im „Priölken" durch ein eklatantes Becher-Fest
die Krone aufsetzte. Brautpaare im kühlen Schatten
der Fässer des alten Kellers zu feiern war von jeher
in Bremen herkömmlich.

Den Rathsherrn selber wurde es zur Pflicht gemacht, den Verkehr und die Geselligkeit im Keller zu
fördern. Dieß ersieht man aus einem Aufsatze, der
vermuthlich gegen das Ende des 17ten Jahrhunderts
„Ueber die Administration des Weinkellers" von dem
damaligen Raths- und Weinherrn spätern Bürgermeister „Liborius von Line" niedergeschrieben wurde,
und der noch auf dem Bremer Staats-Archive vorhanden ist. Darin heißt es: „daß jeder Herr (Rathsherr) es sich angelegen sein lassen solle, das Gemeine-
Gut, davon er selbst seinen Profit habe, bestmöglichst
dadurch zu fördern, daß er sich bestrebe, den Privatis
(den Privat-Weinhändlern) die Compagnien (Trinkgesell-
schaften) zu entziehen und sie dem Stadtkeller zuzuführen.
Dieß könne nicht füglicher geschehen, als dadurch, daß
die Herren selber dann und wann in kleinen oder
großen Compagnien, wie es einem Jeden gefällig,

zum Keller gingen, und daß sie auch die Kaufherrn
dahin brächten, damit die Schiffsrechnungen, wobei sie
interessirt seien, in keinen andern Weinhäusern, sondern
wie vormals im Keller abgelegt würden."

„Da" wie Bürgermeister Line in derselben Schrift
sagt, „sowohl Einheimische als Fremde gern noch sonst
etwas zum Trunk haben," so war es auch von jeher
gebräuchlich, neben dem Weine gewisse consistente
trockene und zum Weine passende so wie zum Trinken
reizende Eßwaaren im Keller vorräthig zu halten und
sie auf Verlangen zu reichen. Käse und dann geräucherte Fische waren wohl neben einigem Backwerk
die ältesten Begleiter des Weines. Bürgermeister Line
führt als solche, zu seiner Zeit und natürlich wohl
schon seit lange, üblichen Delikatessen und Zukosten
zum Rheinwein folgende Dinge auf: „Neunaugen",
„Rigsche Butten", „Lachs", „Oisters" (Austern), „Ka-
stanien", „Geräucherte Metwurst" und „Ochsenzungen."
An „Kringeln" und "Pfefferkuchen" fehlte es auch
nicht, und zuweilen werden Zucker, Rosinen und
Mandeln erwähnt.

Daß ähnliche Dinge im 17ten Jahrhundert auch
anderswo, z. B. in dem „Rheinischen Weinhause" des
hanseatischen Stahlhofs zu London hergebracht waren,
lernen wir aus den damaligen Englischen Schrift-
stellern. In einem von Webster gegen das Jahr 1600
geschriebenen Schauspiele kommt folgende Phrase vor:
„I come to entreat You, to meet me this afternoon
at the Rheinish winehouse in the Stillyard. Will
you steal forth and taste of a Dutch bun and a

Key of sturgeon?" (Ich komme Dich zu bitten, diesen Nachmittag mit mir in dem Rheinischen Weinhause im Stahlhofe zu erscheinen. Willst Du mitgehen und daselbst deutschen Kuchen und ein Fäßchen Stör probiren?) Und in einem andern Gedichte, „Rabbe's Bride" aus dem Jahre 1640 werden als Haupt-Delikatessen des Hanseatischen Weinhauses in London „geräucherte Ochsenzungen" („dry neat's tongues") genannt.*) Die bei Webster genannten „Dutch buns" (Deutschen Kuchen) mögen, wo nicht dasselbe, doch etwas Aehnliches gewesen sein, wie die im Bremischen Weinkeller seit alten Zeiten üblichen sehr trockenen und spröden weder gewürzten noch gesüßten „Krengeln", die ihrer Eigenschaften wegen zum Wein so gut paßten und die noch heutiges Tages für den Bremer Keller gebacken und daselbst zum Weine und Käse präsentirt werden. In spätern Zeiten hat man diesen Delikatessen auch noch Russischen Kaviar hinzugefügt und deßgleichen sowohl Holländischen als Englischen Käse. Bei diesen Speisen reichte man den Gästen einige Bogen Löschpapier, was damals überall bei Mahlzeiten statt der Servietten diente. Im Bremer Weinkeller kamen diese löschpapiernen Mund- und Finger-Wischer erst im Jahre 1825 aus der Mode. Bei einer mit alterthümlichem Pompe gegebenen jährlich wiederkehrenden Festmahlzeit zu Bremen, nämlich bei der bekannten „Seefahrts-Mahlzeit" sind sie noch heut zu Tage nicht außer Gebrauch gesetzt.

---

*) S. Lappenberg. Der Stahlhof l. c. S. 74.

Das Tabackrauchen oder wie man anfänglich
sagte das „Tabacktrinken" kam im Keller gegen
Ende des 17ten Jahrhunderts auf. Das Keller=Per=
sonal machte sich aus dieser neuen Gewohnheit, indem
es den Gästen Taback=Päckchen unter der Hand ver=
kaufte, eine hübsche Revenue. Alsbald aber nahmen
die Keller=Administratoren (die Weinherren) diese Re=
venüe selber in Anspruch. „Da das Tabacktrinken"
sagt in seinem schon erwähnten Aufsatze der Bürger=
meister von Line „eine neuerliche Mode und den
Dienern ein Accidens geworden ist, auf welches an=
fänglich kein egard genommen, so entsteht die Frage,
ob nicht dieser Profit, da nunmehro der Keller auf
seine Kosten die Logimenter dazu bequemen (für Raucher
einrichten) muß, dem Keller selber, und nicht den
Gesellen zuwachsen müsse, und ob man nicht von
Seiten der Weinherren den Gesellen den Taback geben
solle, indem diese dann dafür das Geld einlieferten."

Die rauch= und trinklustigen Bürger, die wie von
jeher alle Weinliebhaber große Freunde vom Karten=
spiel und andern Spielen waren, suchten auch diese
dann und wann in dem Keller einzubürgern. Die
Weinherren behaupteten zwar, daß dieß dem alten
Herkommen zuwider sei, und geboten den Kellerhaupt=
leuten wiederholt in ihren Instruktionen (ein Mal
1627 und wieder 1659) „sie sollten nicht zulassen,
daß einiges Spielwerk, als Karten, Brettspiel oder
sonsten im Keller gebraucht werde." Vermuthlich war
indeß die Neigung dafür beim Publikum zu groß.
Denn das Verbot mußte oft wiederholt werden,

und wurde dann auch wohl ein Mal wieder zurück-
genommen.

Lustige Trink-Brüder pflegen, so gesund ihre Laune
und Kehle sein mag, aller Orten etwas „krank am
Beutel" zu sein. Kam es im Bremer Rathskeller
vor, daß Einer seine Zeche nicht bezahlen konnte, so
mußte er dann diese oder jene Kostbarkeit zu
Pfande stehen lassen. Von diesen Gegenständen „so
Pfandes stahn" (die verpfändet sind) findet man
in den Keller-Inventarien zuweilen ganz interessante
Verzeichnisse. In einem Inventarium vom Jahre 1599
werden z. B. folgende aufgeführt: „5 Gülden-Ringe"
— „Ein Turkoß" (Turkis). — „Ein elfenbeinern
Pitzern mit Sulver" (Ein elfenbeinernes Petschaft mit
Silber). — „Ein Diamant-Pünt taxeret 15 Daler"
(Eine Diamant-Nadel, taxirt auf 15 Thaler). „Ring
mit einer Perle". „Eine Diamant-Taffel" (?) „Twe
guldene Ringe so Konrat Hemeling thoständig, stan
for 7 Daler" (zwei goldene Ringe, die Conrad Heme-
ling zugehören, stehen für 7 Thaler.) Muntere Ehe-
männer scheinen zuweilen sogar ihre Trauringe versetzt
zu haben, denn es kommen auch mehre „Ehetrackten-
Rincke" und auch sogenannte „Hand-in-Handts", was
vermuthlich dasselbe ist, unter den Pfändern vor.
Auch mehre lose Edelsteine, „Granaten", „Rubinen",
so wie „Goldner Drath" und verschiedene fremde in
Bremen vielleicht nicht gangbare Goldmünzen, z. B.
„Ungarische Goldgulden", „Norwegische Dukaten",
„Rosenobeln" werden unter diesen Pfändern, welche
die Aufnehmer des Inventariums von 1599 in allerlei

Beuteln und Kästchen fanden, aufgeführt. Zuletzt gedenken dieselben auch noch dreier „Sulverner Tehnen, so von allerhandt quaden gelbe thosamengeschmolten, von deren eine ein wenig afgehouven" (silberne Zain-Stangen, die aus allerhand ungültigem Gelde zusammen-geschmolzen, und von denen bei einer ein wenig abgehauen ist). Aus dieser letzten Bemerkung ersieht man nebenher, welche sonderbare Operationen man im Keller mit den ungangbaren Münzen vornahm, die man nicht gleich an den Mann bringen konnte.

Sehr schlechten und leichtsinnigen Zahlern, oder auch solchen, welche sich grobe Excesse beim Trinken zu Schulden kommen ließen, pflegten in alten Zeiten die Räthe und Weinherren unserer Städte wohl den Besuch der städtischen Weinkeller ganz zu untersagen. Bei großen Excessen ist dieß unter andern in Braunschweig herkömmlich gewesen.*) Vielleicht war es auch in Bremen so.

Das für das Trinken an Ort und Stelle ein-laufende Geld nannte man „Becher-Geld." Leider aber ist dieß Bechergeld in den Abrechnungen des Kellers nicht immer von den aus dem übrigen Wein-handel kommenden Einkünften geschieden, so daß man

---

*) Im Jahre 1355 mußte ein gewisser Bernd de Kale (wahr-scheinlich wegen grober Excesse) die Rathsweinkeller in der Alt- und in der Neustadt Braunschweig verschwören, und geloben, daß er zehn Jahre lang nicht wieder in diese Keller kommen wolle, „die ersten sechs Jahre ohne Gnade, und die letzten vier auf Gnade des Raths." (Nach einer mir gemachten Mittheilung des Dr. L. Hänselmann in Braunschweig.

darin keinen Maßstab hat, um die Frequenz des
Kellers und den Grad der Geselligkeit in ihm zu
verschiedenen Zeiten darnach zu bemessen. Nur so
viel ist ersichtlich, daß es auch darin, wie in allen
Dingen Ebbe und Fluth gab. Im Jahre 1670 z. B.
klagen die Weinherren, „daß in diesem Jahre nur
94 Ohm für „Bechergeld" verzapft sei, während zur
Zeit ihrer Anticessoren in einem Jahre wohl nicht
weniger als 186 Ohm in die Becher ausgelaufen und
im Keller vertrunken seien." Dieß gäbe im Durchschnitt ungefähr 60 bis 70 Flaschen per Tag und
ließe auf eine ziemlich starke Frequenz des Kellers für
die Mitte des 17ten Jahrhunderts schließen.

Der Handel des Rathskellers mit Rheinwein in der Stadt war auch jedenfalls sehr alt,
wenngleich die „Schenke" die älteste Partie seines
Geschäfts gewesen sein mag. Von vornherein nahm
der Rath für seinen Keller das Monopol des ganzen
kleinen Rheinwein-Handels in der Stadt in Anspruch
und untersagte den Privaten diesen Handel. Er nahm
dadurch auch gleichsam stillschweigends die Verpflichtung auf sich, für die Bürger der Stadt immer gute
Rheinweinsorten reichlich auf dem Lager zu haben.
Ein Pächter des Kellers, Martin Hemelingk, erkennt
in einer von ihm im Jahre 1547 aufgesetzten Schrift
diese Pflicht gewissermaßen ausdrücklich an, indem er
sich rühmt, „daß er getrachtet habe, den Keller zum
Behuf dieser guten Stadt Bremen immer beides mit
Wein und mit Bier so reichlich zu besorgen, daß in
der Stadt immer genug und überflüssig gewesen sei,

auch also daß in den theuren Jahren die anstoßenden Nachbarn und Städte aus dem Bremischen Keller versehen und verholfen werden konnten, und daß auch in Zeiten der feindlichen Belagerung so viel vorhanden gewesen, daß man keinen Mangel und Gebrechen an Wein sollte verspürt haben, wenn auch die Belagerung über ein Jahr und länger gestanden und gedauert hätte.*) Ich bemerke, daß die in diesen Worten bezeichnete Belagerung diejenige ist, welche die Stadt Bremen im schmalkaldischen Kriege von den Kaiserlichen Truppen unter dem Obristen von Wrisberg und dem Herzog Erich von Braunschweig auszustehen hatte, welche nach einer Dauer von mehreren Monaten am 22. Mai 1547 endigte, und zuletzt zu einer völligen Niederlage der genannten Feldherrn führte.

Auch die Rathsherrn selbst gaben, wie ich zeigte, in ihren Weinordnungen und Beschränkungen des Rheinwein-Handels oft als Grund dafür an, daß bei Privatleuten der schöne Rheinwein oft mit Französi-

---

*) Diese Stelle kommt in einer auf dem Bremer Staats-Archive (Ss. 2 b. W. 1. 6. 14.) aufbewahrten Supplik des oben genannten Weinkeller-Pächters Martin Hemelinck vor und sie lautet daselbst wörtlich wie folgt: „Dewyle ick nhu je und allewege den Keller beide myt wyne und bere tho behoff duhser guden Stadt so ricklick besorghet, dat hir overflodich und genog gewesen, ock also dat in den düren jaren de anstotende nabern un de stede hyrut versellet und verhulpen, ock in tiden der viendlicken belageringe so vele vorhanden, dat man keinen Mangels noch gebreck darvon scholde gehadt hebben, wen ock de belageringe over ein jar und langer gestanden und geduret.“

schen und andern geringern Weinsorten verfälscht würde,
und daß sie dies durch ihr eigenes Keller-Institut ver=
hüten wollten, um die Bürger der Stadt mit gutem
Rheinwein zu versehen.

Im Gegensatze zu dem an Ort und Stelle ge=
trunkenen Becherwein nannte man diesen in der Stadt
verschenkten Wein „Hohlwein." Manche Kunden
bezahlten ihn baar. Viele aber, denen man Credit
schenken wollte, ließen ihn auf Credit holen. Doch
besaß man zur Eintragung ihres Debets in alten
Zeiten noch keine sogenannten jetzt üblichen Holbücher,
vielmehr statt deren die sogenannten „Kerbstöcke"
oder „Kerffhölzer." Jeder, der sein Conto im
Keller haben durfte, jeder Rathsherr und jeder wohl=
habende Bürger, der Liebhaber von Rheinwein war,
hatte dort sein Kerbholz oder mehre dergleichen, auf
denen man die abgeholten Stübchen und Quarte mit
Einschnitten und Kreuzen bezeichnete.

Von den Kerbstöcken wurde dann von Zeit zu
Zeit die Hauptsumme in „das Buch" eingetragen.
So steht z. B. in einem alten Rechnungsbuche von
1634 die Bemerkung: „auf des Herrn Bürgermeisters
Wachmann Kerffstöcken befinden sich 594 Kerffe à
12 Grote jeder, duet (thut) 99 Thaler." Auch gewisse Cor=
porationen z. B. die Kirchen, die zum Theil und in
Folge alter Stiftungen und Testamente Wein aus dem
Keller für ihren Altargebrauch holen lassen durften,
hatten ihre Kerbstöcke im Keller. In einer Schrift von
1682 werden namentlich der „Thumb=Kirchen=Kerbstock"

und „Unserer Lieben Frauen Kirchen-Kerbstock" und die Kerbhölzer anderer Kirchen aufgezählt.

Sogar noch im 18. Jahrhundert herrschte im Bremer Keller diese Kerbholz-Rechnung, die bei der großen hier versammelten Menge von Stöcken ziemlich unbequem gewesen sein mag. „Wer kein Kerbholz im Keller hält," so heißt es in einer Schrift von 1712, „dem soll kein Wein creditirt werden" und ferner heißt es eben daselbst: „Die Thesis steht fest: kein Stock, kein Wein!" Gegen Ende des 18. Jahrhunderts kamen die Kerbhölzer im Bremer Keller aus der Mode. In anderen Weinkellern aber haben sie sich noch länger erhalten. In dem berühmten Doms-Weinkeller zu Hildesheim wurde noch bis zum Jahre 1810 „aufs Kerbholz getrunken." Und sogar noch im Jahre 1840 wurde der für die Domkirche benöthigte und aus dem Keller geholte Kirchenwein auf einem Kerbholze ver= zeichnet*). Auch im Braunschweiger Keller hatte man noch lange die Gewohnheit die Getränke „auf Karve zu holen," wie man sich dort auszudrücken pflegte.

Wie nach dem, was ich oben sagte, die Geselligkeit im Keller, so suchte man auch den Handel in der Stadt auf alle Weise zu fördern. „Die Rathsherren und Weinherren" sagt Bürgermeister Line in der oben von mir citirten Schrift vom Ende des 17. Jahrhunderts „sollten ihren Wein selber in der Stadt zu empfehlen suchen, und namentlich nicht zugeben, daß bei den

---

*) Nach einer gütigen Mittheilung des Herrn Dr. Kratz, Archivars in Hildesheim.

öffentlichen Mahlzeiten und auf den öffentlichen Aem=
tern und Kammern ein anderer Wein, als der aus
dem Stadtkeller getrunken werde." Im Jahre 1712
erhob es der Senat sogar zu einem Beschluß: "daß
bei allen publiquen Stationen nichts als Rheinische
Weine aus dem Keller getrunken werden sollten."

Aus den Kellerpapieren des 17. Jahrhunderts, in
denen von den Trinkgeldern, welche die Kellerdiener für
das Ausbringen des Weines bekamen, die Rede ist,
geht hervor, daß damals bei "Hochzeiten," "Todten=
Mahlen," "Begräbnissen" immer viel Rheinwein aus
dem Rathskeller getrunken wurde. Auch zeigen die
Debitoren=Verzeichnisse dieses Jahrhunderts, wie vie=
lerlei Menschen und Bürgerclassen damals den Keller
benutzten und sich seines Rhein=Weines bedienten. In
einem solchen Verzeichnisse aus den Jahren 1640 bis
1669 stehen außer mehren Privatleuten auch die "Wall=
herren," "die Herren vom Wasserrad," "die Bau=
herren," "die Webbeherren," "die Herren Visitatoren"
und mehre "Thumbdechanten" hoch angekreidet. Auch
heutiges Tages geht der Ausverkauf von Rheinwein
aller Art in der Stadt noch fort. Da der Keller indeß
kein Monopol mehr besitzt und auch französische und
andere Weine mehr Mode geworden sind, so ist dieser
Handel nicht mehr so bedeutend.

Daß endlich auch das Ausland und die
Umgegend der Stadt schon frühzeitig mit Rhein=
wein aus unserm Stadtkeller versorgt wurde, zeigt sich
bei mehreren Gelegenheiten, obwohl dies erst später
in Gang gekommen sein mag als die Schenke und

der „Stadthandel." Der Rathskeller, der nur für den Klein=
handel in der Stadt ein Monopol in Anspruch nahm, hatte
im Auslande zwar die Concurrenz der anderen städ=
tischen Rheinweinhändler zu bestehen. Da er aber in
Folge der Größe, des Alters und der Mannigfaltigkeit
seines Lagers den Fremden viele Vortheile bieten
konnte, so wurde ihm diese Concurrenz wohl nicht
schwer und jedenfalls war daher auch für ein weites
Gebiet außerhalb unserer Stadt der Bremer Raths=
keller der vornehmste Rheinweinhändler.

Schon der oben von mir erwähnte Kellerpächter
Hemelingk rühmt sich im Jahre 1547, daß er „die
anstoßenden Nachbarn und Städte" aus dem Keller
habe „versorgen und verhelfen können" und damals
mochte der auswärtige Handel des Kellers schon lange
geblüht haben. Daß dieser Pächter Hemelingk für
den Keller unter andern Geschäfte in Oldenburg machte,
geht aus einem Schreiben der Weinherren nach Ol=
denburg hervor, in welchem sie als Nachfolger des
besagten Hemelingk, der unterdessen verstorben war, seine
dortigen Guthaben in Anspruch nahmen.

Im Jahre 1606 sandten die damaligen beiden
Weinherren Bürgermeister Kresting und Rathsherr
Klampe einen reitenden Boten aus, um bei dem Amt=
mann Otto Rath zum Freudenberge eine Schuld von
76 Thalern für Weine aus dem Keller, die der Graf
von Bentheim durch denselben bestellt hatte, einzu=
fordern. Auch am Ende des 17. Jahrhunderts spricht
der Bürgermeister Line in seinem mehrerwähnten Auf=
satze „von dem Debite des Kellers außerhalb Landes"

in einer Weise, daß man daraus sieht, daß der Handel unseres Kellers mit Rheinwein in der ganzen Umgegend damals schon sehr alt gewesen sein muß.

Er sagt, Private hätten in denen umliegenden Orten durch ihre speculative Industrie und dadurch, daß sie gute Weine zu billigen Preisen ausböten sich ein sehr gutes Geschäft ausgebildet, von welchem sie mit ihren Familien und Haushaltungen lebten*). Der städtische Weinkeller hätte es nicht verstanden „Lockebrod" zu geben, wäre immer bei seinen alten hohen Preisen geblieben und hätte sich daher auf diesem auswärtigen Terrain in neuerer Zeit viel von seiner Nahrung entziehen lassen. „Wollte man," sagt der Bürgermeister „auf demselben Fuße wie die Weinhändler gehen, so fände sich wol unter der Hand Gelegenheit genug, nicht so sehr zwar bei Privatis, die wenig consumirten, als bei Höfen und Ministern, den Wein des Kellers zu debitiren."

Aehnliche Ermahnungen zu speculativer Thätigkeit, „damit dasjenige, was man außerhalb der Stadt

---

*) Daß die Privat-Weinhändler Bremens schon vor der Mitte des 17. Jahrhunderts weit und breit in der Umgegend Geschäfte machten, geht aus einem Schreiben des Herzogs Georg von Braunschweig vom 13. Juli 1638 an den Rath von Bremen hervor, worin er bittet, strenge Verordnung zu erlassen gegen die Leute, die in seinem Lande verfälschte französische Weine als Rheinwein verkauften," und worin er erklärt, „daß er gar nicht gemeint sei, solchen Händlern ihren freien Willen zu geben, daß er vielmehr ihre verdächtigen Weine an der Weser von seinen Leuten arretiren lassen wolle."

an Rheinischen Weinen begehren möchte, aus dem
Rathskeller genommen werde," finden sich auch zu
späterer Zeit in anderen Aufsätzen: „über die Bedürf-
nisse des Kellers," und sie beweisen wenigstens, daß
wenn man auf diesem Felde, wo man ohne ein Monopol zu besitzen mit der Industrie der Privaten con-
currirte, auch nicht immer sehr glücklich war, doch
stets ein Auge darauf hatte.

Um das Jahr 1660 werden unter den auswärtigen „Wein-Restanten" (Debitoren) des Kellers unter
andern aufgeführt: „der Burggraf von Delmenhorst,"
„Herr Marschalk so bei Stade wohnt," „der Schwedische Resident," „Herr Doctor Albertus von Lyn,"
„Herr von Raeßfeldt," „der Generalfeldzeugmeister
Uffeln."

Unter den Debitores oder Wein-Restanten eines
späteren Jahres (1764) die zusammen dem Keller eine
Summe von 7000 Thalern schuldig seien, werden eine
Menge hannoverischer Herren vom Adel genannt,
die Herren von Beukwitz, Scharnhorst, Berlepsch,
Hodenberg, Bothmer, Bremer, Bülow, Decken,
Wedell, Ramlohr, Schlepegrell, Hude, Falkenstein, v.
d. Busch, Alefeld und auch ein Borries. Man ersieht
daraus, wie damals jedenfalls ein großer Theil der
hannoverischen adeligen Herren das beste Theil ihrer
Tafelfreuden (den Rheinwein) aus dem Bremer Rathskeller bezog.

In die letzte Hälfte des 18. Jahrhunderts fällt
wohl die blühendste Epoche des auswärtigen Ruhmes
und Handels des Kellers. Damals hatten seine Weine

die höchste Stufe ihres ehrwürdigen Alters und ihrer
Güte erreicht. Und damals stand auch die Liebhaberei
für alte Weine in der Blüthe. In England, ja auch
in Petersburg war der Bremer Keller bekannt geworden, und endlich hatte man seit den neunziger
Jahren sogar nach den Vereinigten Staaten von
Amerika den Absatz erweitert, namentlich den der
kostbarsten und theuersten Weine*).

Die Französische Occupation (von 1811—1813)
ließ diesen auswärtigen Handel ins Stocken gerathen.
Nach der Befreiung Bremens und Deutschlands vom
fremden Joche suchte man ihn zwar wieder in Gang
zu bringen. Man stellte Agenten des Weinkellers in
England und andern Ländern an, bildete auch auswärts hie und da kleine Läger von alten Rheinweinen
so namentlich in London, wo in den höheren Gesell-
schaftskreisen der Consum deutscher Weine sehr im
Zunehmen schien, und wo die Herren Chapeau-
rouge & Co. die gewiß richtige Ansicht zu verbreiten
strebten, „daß nichts noch so Vorzügliches an Rhein-
und Moselweinen irgendwo geboten werden könne,
was der Bremer Rathskeller nicht noch vorzüglicher
zu liefern im Stande sei."

Allein, wenn auch nach der Französischen Zeit
das Verbreitungsgebiet der Rheinweine im Allgemeinen
zugenommen hatte, so hatte jetzt zugleich die Lieb-

---

*) Dies Alles ist in verschiedenen Schriften gesagt, welche
bei Gelegenheit des von den Franzosen beabsichtigten Verkaufs des
Kellerlagers im Jahre 1811 aufgesetzt wurden.

haberei für alte belegene Weine überall in der Welt
wieder abgenommen.

Dieß war ein Resultat vieler allmähliger Ver-
änderungen im Verkehr und im Zeitgeiste. Aber auch
Nebenumstände halfen dabei, z. B. die Fortschritte im
Weinbau und in der Behandlung der Weine, die zuweilen jungen Weinen schon die Qualitäten von alten
gab, und eine lange Ablagerung der Weine nicht mehr
so nöthig machte. Auch das gesegnete Kometen-Jahr
von 1819, das eine so große Menge vorzüglich guter
Weine über die Welt ausschüttete, soll dahin gewirkt
haben, den alten Weinen den Hals zu brechen.

Der alte Bremer Weinkeller wurde in Folge
dessen ein sehr „beschwerliches Capital, das keinen Vortheil mehr abwarf und sich in sich selbst zu verzehren
anfing." Seit dem Jahre 1825 dachte man daher
ernstlich darauf, sich dieses Capitals entweder ganz
zu entschlagen oder ihm doch auf irgend eine Weise
Luft zu verschaffen.

Im Jahre 1827, als man Geld für die Anlage
von Bremerhaven nöthig hatte schlug man vor,
wie den Stahlhof zu London und das alte
hanseatische Haus zu Antwerpen, so auch den alten
Weinkeller in Bremen zu verkaufen. Manche wollten,
daß man das ganze Lager in einer großen Auktion
veräußern solle. Andere glaubten, es sei besser, dasselbe in einer durch ganz Europa zu proclamirenden
Lotterie zu verspielen. Vorschläge zu so extremen
Mitteln gingen meistens von Mitgliedern der Bürger-

gerschaft aus. Aber der Senat hielt auch damals seine
Hand über dem alten ehrwürdigen Besitzthum, „das der
Stadt stets zur Zierde gereicht habe" und wies jene Vorschläge zurück. Die aus Rathsherren und Bürgern zusam-
mengesetzte Deputation bewies ohne dies, daß weder eine
Auction noch eine Lotterie zu dem erstrebten Ziele
einer nutzenbringenden Entäußerung führen würde,
und trug daher (Oct. 1830) auf den später allgemein
approbirten Mittelweg an, daß man sich bemühen
solle, eine ziemliche Portion Weine, etwa 5 bis 600
Oxhoft, unter der Hand durch Privatverkäufe an den
Mann zu bringen. Man bestimmte zugleich, daß dabei kein Ohm unter 50 Thaler und keines über 400 Thaler
verkauft werden solle, und daß man bei großen Quantitäten ausländischen Käufern einen Rabatt von 14 Procent und einheimischen noch außerdem einen Rabatt
von 10 Procent und Credit auf 6 Monate geben
wolle. In Folge dieser ins Werk gesetzten Maßregel
wurde denn auch das Lager sehr reducirt, hat aber
seitdem dennoch immer fortgefahren, wie vor Alters
einige Geschäfte mit dem Auslande zu machen.

IX. Die Herren- und Offizial-Weine.

Die den Senatoren in alten Zeiten zugeſtandenen Ehrengaben. — Gaben an Fiſch, Brod und anderen Dingen. — Ehren-Weine an die Senatoren, als Theil ihres Salarii. — „Herren-Wein“ und „Offizial-Wein.“ — Wein-Gaben an verſchiedene Beamten. — Belauf dieſer Gaben zu verſchiedenen Zeiten. — Wein aus dem Keller bei öffentlichen Mahlzeiten.

Dem oben Geſagten zufolge gehörte der ſtädtiſche Weinkeller lange Zeit zu den vornehmſten Club- und Geſchäftslokalen unſerer Stadt, und war zum Theil auch deßwegen nicht unwichtig, weil aus dem in ihm betriebenen privilegirten Handel dem Gemeinweſen eine nicht unbedeutende Einnahme erwuchs. Doch entfaltete er mit der Zeit eine noch vielſeitigere Wirkſamkeit, da man einen Theil des Salairs der Rathsherren und gewiſſer Staatsbeamten aus ihm bezog, und endlich, nachdem die Weine alt, ausgezeichnet und berühmt geworden waren, auch anfing, den Keller als Niederlage koſtbarer Produkte zu betrachten, die man „zum Splendeur der

Stadt" unterhielt und zu Ehrengeschenken an
hohe und einflußreiche Personen benutzte. —
Ich will jetzt über diese beiden Punkte die von mir
gesammelten Notizen beibringen.

Mit den Gehalten und Emolumenten der Rathsherren unserer Städte hat es in alten Zeiten bekanntlich ziemlich eigenthümlich und zum Theil sehr prekär
ausgesehen. Sie scheinen ursprünglich mehr Ausgaben
als Einnahmen bei ihren Ehren-Aemtern gehabt zu
haben. „An eine feste Besoldung wurde weder im
13. noch selbst im 14. Jahrhunderte gedacht" *). Doch
erhielten sie um diese Zeit in fast allen norddeutschen
Städten gewisse Quantitäten von Viktualien geliefert:
Lämmer von den Schlachtern, Hechte von den Fischern,
Mehl von Müllern, Brod von den Bäckern **). In
Bremen erhielten sie von den Fischern namentlich Lachse,
Neunaugen und Quabben, und von den Bäckern Brod
zu Weihnachten und Ostern, jeder Rathsherr für acht
Grote. „To enen jeweliken tid," heißt es in einem
kurz nach dem Jahre 1398 geschriebenen Artikel des
Bremischen Rathsdenkelbuchs, „malk acht grote wert
brodes over de ganze witticheit" (zu beiden Ter-
minen Jedem 8 Grote Werth Brodes über die ganze
Wittheit).

Sehr früh mögen unter diesen Gaben auch das
Bier und der Wein aus dem städtischen Kellern ihren

---

*) Donandt. Geschichte des Bremischen Stadtrechts.

**) So z. B. die Rathsherren von Stralsund. S. Dr. A.
Brandenburg, Geschichte von Stralsund. Stralsund 1837. S. 16. 17.

Platz gefunden haben. Schon in dem oben angeführten
Artikel des Rathsdenkelbuchs vom Jahre 1398 heißt es,
daß man vormals jeglichem Rathmann zwölf Stöverken
(Stübchen) Wein um Weihnachten zu geben pflegte.
(„Hyr vormals plach man einem jewelken radherrn
to ghewenn twolf stöverken Wyns tho wynachten").
Da in Bremen ein Stübchen gleich 4 Quart war, so
betrug jene älteste den Rathsherren bestimmte Wein-
portion mithin etwa 48 Quart oder Flaschen. Bei
dieser Quantität scheint es auch noch nach der Regulirung von 1398 eine Zeitlang geblieben zu sein. Nur
wurde damals bestimmt, daß die Rathmänner diesen
Wein nicht bloß zu Weihnachten, sondern das ganze
Jahr hindurch an zwölf namhaft gemachten großen
Festtagen erhalten sollten. Auch wurde damals festgesetzt oder doch zum ersten Male deutlich ausgesprochen, daß was die Rathmänner einfach erhielten,
die Bürgermeister doppelt empfangen sollten, so wie
auch noch hinzugefügt wurde, daß alle diese Wein-
rationen nicht nur für die Zeit der Amtsverwaltung
der Rathsherren, sondern für die ganze Zeit ihres
Lebens dauern sollten. Daß die Bürgermeister immer
das Doppelte von der Portion eines Rathmannes
bekommen sollten („Unde wat man Radmannen givt
envolt, dat schelen de Borghemestern hebben tweevolt"),
scheint auch schon ein altes Princip gewesen zu sein,
das wohl schon lange vor 1398 galt, und was auch
noch später (im Weinkeller wenigstens) immer aufrecht
erhalten wurde. Auch bei anderen Lieferungen von
Proviant (z. B. von Fisch) bekam der Bürgermeister

einen ganzen Lachs, in denjenigen Fällen, wo der
Rathmann nur einen halben fordern konnte. Desgleichen erhielt jener doppelte Brodportionen. Es war
dies ungefähr zu derselben Zeit, wo auch Kaiser Ludwig von Baiern jedem ein Ei gab, dem guten
Schweppermann aber zwei.

Die anfänglichen sehr bescheidenen zwölf Stübchen
Weins für einen Rathsherrn und die eben so beschei-
dene doppelte Portion für den Bürgermeister mehrten
sich im Laufe der Zeiten, je mehr Wein im städtischen
Lager herbeifloß, und je größer die Ansprüche und
der Luxus wurden. Die verschiedenen Beschlüsse und
Gesetze, welche über diese allmählige Steigerung gefaßt
sein mögen, sind uns nicht erhalten worden. Nur so
viel ist aus Aufzeichnungen, die im 17. Jahrhundert gemacht wurden, gewiß, daß damals schon jeder Rathsherr
regelmäßig jährlich aus dem Keller ein ganzes Ohm
Wein, und jeder Bürgermeister zwei Ohm beziehen
konnte. Den Letztern brachte außerdem auch noch
jeder hohe Festtag des Jahres eine Stärkung von drei
Stüverken Weins, nämlich der Neujahrstag, die Heiligen drei Könige, und ferner Fastnacht, Laetare,
Ostern, Pfingsten, Weihnachten und endlich auch sogar
Martini und Panthaleon. Und desgleichen erhielten
die Bürgermeister auch dann wiederum ein halbes
Ohm, wenn sie das Präsidium im Rathe führten *).

---

*) Dies Alles sagten die darüber am Ende des 17. Jahrhun-
derts examinirten Kellerbeamten aus, deren Angaben umständlich
in den Kellerpapieren verzeichnet stehen.

Bei diesen Bestimmungen ist es so ziemlich für die Folgezeit geblieben. Man betrachtete stets diese regelmäßige jährliche Weinlieferung als eine pars salarii (einen Theil des Salairs) des Raths wie sie es von vornherein gewesen war, und bezeichnete sie gewöhnlich als „Weine, die den Herren vor ihren Ehrenstand gegeben würden." Auch hießen sie vorzugsweise die „Herren-Weine" und weil sie regelmäßig jährlich einliefen „Ordinarii Ehren- oder Herren-Weine."

Zu diesen Ordinarii Ehren-Weinen hatten sich auch bald noch sogenannte „Extraordinarii-Weine" gesellt, d. h. solche welche den Rathsherren, Bürgermeistern und Anderen nur bei gewissen Gelegenheiten zukamen. Die Extraordinarii-Weinlieferungen wurden mit der Zeit sehr mannigfaltig. Im 17. und 18. Jahrhundert bestanden etwa folgende:

Zuerst gab es seit alten Zeiten gewisse offizielle Mahlzeiten des Raths, dann auch sogenannte „Rechnungs-Mahlzeiten" an den Tagen, an welchen einzelne Rathsmitglieder die Rechnungen gewisser Staats-Verwaltungs-Branchen, z. B. die Apotheker-Rechnung, oder die Weinkeller-Rechnung revidirten. Bei diesen Mahlzeiten wurde der Wein unentgeltlich aus dem städtischen Keller genommen. Wie viel dessen bei jeder derselben sein sollte, wurde zu verschiedenen Zeiten verschiedentlich bestimmt, und da oft Mißbräuche dabei einschlichen, so wurden eben so oft beschränkende Gesetze dagegen gegeben. In dem Rathsdenkelbuche wird beim Jahre 1498 gesagt, daß man bei einer Rechnungsablage („wenn man gerekend hadde") jedem

Bürgermeister zwei Stübchen Wein und zwei Stübchen
Bier und den Andern die Hälfte zu geben pflege. Bei
der Rechnungsmahlzeit des Weinkellers, so heißt es in
einer Aufzeichnung aus dem 17. Jahrhundert, seien,
obwohl nur wenige Personen dabei gewesen, oft für
50 Thaler Wein auf Kosten des Kellers getrunken
worden. Und bei der Apotheker-Rechnungs-Mahlzeit,
so wurde im Jahre 1652 bestimmt, sollte jedem Herrn
nicht mehr als ein Stübchen Wein gegeben und
außerdem noch „eine Dute mit Zucker, eine Dute mit
Mandeln und eine Dute mit Rosinen" überreicht
werden.

Eben so alt wie diese Extraordinarii-Mahlzeits-
Weine mag auch die Sitte sein, daß den in politischen
Angelegenheiten reisenden Abgesandten der Stadt bei
ihren Fahrten in die damals ziemlich wein- und
wirthshauslose Fremde etwas Wein aus dem Stadt-
keller mit auf die Reise gegeben wurde. Man nannte
diesen Wein wol „den Gesandten-Wein." Schon
in einer aus dem Jahre 1498 im sogenannten Raths-
denkelbuche gemachten Aufzeichnung wird von „dem
Wyne" gesprochen, „so man to daghe buten Bremen
mede nympt" (welchen man heutzutage außerhalb
Bremens mitnimmt) und dieser Wein wird daselbst
„Sendewyn" (Reise- oder Sende- oder Gesandten-
Wein) genannt. Auch in andern Städten war diese
Sitte hergebracht, z. B. in Lübeck, wo man diesen
Gesandten-Wein „Nachtwein" nannte, weil er vor-
züglich für die erste außerhalb der Stadt zugebrachte
Nacht dienen sollte.

Nach den darüber gemachten Aufzeichnungen und Monitis eines Bremischen Senators, eines strengen Censors vom Jahre 1671, war die Sitte damals ausgeartet. Er klagt, daß etliche Personen selbst bei kleinen Reisen, die nicht viel mehr als bloße Spazier= fahrten seien, sich mehrere Flaschen Gesandten=Wein einpacken ließen. „Die Hafen=Herren thäten es wenn sie bloß nach dem zwei Meilen entfernten Vegesack führen, um den Hafen zu inspiciren, ja andere hätten sich wohl zu einer Reise nach dem zwei Stunden entfernten Landgericht Borgfeld ein Stübchen Wein aus dem Keller assigniren lassen. Daß Herr Dr. Lubertus Formanoir bei einer gethanenen Reise nach Oldenburg zwei Stübchen Gesandten=Wein verbraucht habe, das wolle er noch hingehen lassen. Aber es sei ihm unerträglich, zu wissen, daß sogar bei bloßen Ritten von 3 bis 4 Meilen wohl ein Viertel Ohm Rhein= wein ‚extraordinarie' daraufgegangen sei."

Wie die Rathsherren „vor ihrem Ehrenstande," so waren auch verschiedene andere Aemter oder Stellen zu gewissen bestimmten Wein=Lieferungen, die man Offizial=Weine nannte, berechtigt. Namentlich erhielten die Herren Syndici eben so viel wie ein Rathsherr, nämlich jährlich jeder ein Ohm, und die Gerichts=Assessoren jährlich 22 Stübchen. Der Secre= tarius erhielt jedes Mal auf dem Sonntage Laetare wo er die sogenannte „Kündige Rolle" (die Bre= mische Polizei=Ordnung) vom Rathhause verlesen mußte, zu seiner Stärkung vier Stübchen Wein, und eben so viel wurden, wenn eine „Propositio ad cives"

(Vorschlag an die Bürgerschaft) geschah, dem „Herren
Proponenten“ verabreicht, welches letztere ebenfalls
schon im Jahre 1671 als ein alter Brauch be=
zeichnet wird.

Ja auch der Scharfrichter erhielt aus dem Raths=
keller „von dem protempore Herrn Camerario jedes
Mal ein Stübchen Wein, so offt er Einen allhier
seiner Missethat halber enthauptet, aufgehänkt, geräh=
dert oder sonst auf andere Weise vom Leben zum
Tode gerichtet oder auch bloß gepeinigt, gestäubt und
verwiesen hatte.“ Das Gleiche galt in andern Städten.
Und in Hamburg war es dem Scharfrichter, der als
unehrlich sonst doch in keinem von Bürgern besuchten
Lokale erscheinen durfte, sogar erlaubt, seinen Wein
im Rathskeller zu vertrinken und zwar in einer großen
auch von andern Bürgern besuchten Kellerstube, die
daher auch die „Henkerstube“ hieß*).

Wie die Scharfrichter, so erhielten in einigen
Städten auch die Missethäter vor ihrer Hinrichtung
einen Trunk aus dem Stadtkeller. In Bremen be=
kamen sie ein ganzes Quart Wein, welches ihnen bei
ihrem Auszuge aus der Mauer der Stadt, bei dem
sogenannten Ansgariithore verabreicht wurde**)

---

*) S. Beneken Hamburger Geschichten. Sollten vielleicht solche
eigenthümliche Privilegien der Scharfrichter in den Raths=Wein=
kellern mit dem oben von mir berührten Umstande zusammenhangen,
daß diese Weinkeller in unsern Städten oft zugleich auch Gefäng=
nisse waren?

**) Siehe über die interessante Veranlassung zu der Stiftung
dieser Weingabe an Verbrecher: Musard, Denkmale der Geschlechter

Auch die Prediger erhielten „etlichen Wein aus dem Keller dafür, daß sie für richtige Ueberkunft der neuen Weine vom Rheine nach Bremen auf den Kanzeln beteten."

Ich mag nebenher bemerken, daß im 14. und 15. Jahrhundert und auch noch später nicht nur die Räthe der Städte, sondern auch die deutschen Fürsten ihre Beamten häufig, wie mit Viktualien und Kleidern, so auch mit Wein besoldeten. So gewährte z. B. Wilhelm V., Graf von Holland seinem Rath Gerryt Alewynsze täglich „eenen pot wyns ten slaapdronke" (einen Topf Weins zum Schlaftrunke) und auch der Kurfürst August von Sachsen im Jahre 1556 seinem Stallmeister und Kammerrathe Thile von Trotha unter andern jährlich „ein Fuder Landwein und den ge= wöhnlichen Schlaftrunk."

Bedeutender aber waren in Bremen die Wein= Emolumente, welche den sogenannten „Mauerherren," den „Bauherren," den „Wachtherren," den „Schul= herren," die mit der Oberaufsicht der Stadtmauer, des Bau=, Schul= und Militair=Wesens betraut waren, zukamen. Jeder der „Schulherren" erhielt ein ganzes, jeder der „Wachtherren" und „Bauherren" ein halbes Ohm jährlich, daß heißt wenn sie ex senatu waren. Waren sie ex civibus (von den Bürgern) was wenig=

---

und Ritterschaft in den Herzogthümern Bremen und Verden. Fol. 559 u. f.

*) S. Hüllmanns Städtewesen des Mittelalters. Bonn. 1829. Theil IV. S. 183.

ſtens bei den Bauherren der Fall ſein konnte, ſo
galt da ein Bürger wieder nur die Hälfte eines Senators und erhielt blos ſeine 11 Stübchen.

Natürlich konnten bei dieſer Weingaben-Vertheilung
die beiden „Weinherren" ſelber am allerwenigſten
vergeſſen werden. Auf wie vielerlei Wegen ihnen der
edle Rebenſaft zufloß, habe ich in einem andern Capitel
angeführt.

Da von dieſen beiden Weinherren gewöhnlich der eine
ein Bürgermeiſter und der andere ein Rathsherr war, und
da die Bürgermeiſter außerdem auch noch „Schulherren"
oder „Bauherren" ſein konnten, ſo mochte denn der Privatkeller der Bremiſchen Bürgermeiſter bei Cumulirung
ſolcher verſchiedener Aemter oft ſehr gut verſorgt
ſein, und bei den trefflichen Weinen, die es im Bremer
Rathskeller gab, hätte man dann das bekannte Lied
„der Pabſt lebt herrlich in der Welt" auch wohl von
einem Bürgermeiſter von Bremen ſingen können.

Weil alle die den Rathsherren und Beamten zu-
getheilten ſogenannten „Herren- und Offizial-Weine"
von vornherein, wie geſagt, die Beſtimmung hatten,
die Einnahmen der damit Begabten zu vermehren
und ſie für ihre Amtsmühen und Koſten zu entſchä-
digen, ſo war es natürlich, daß man auch ſehr bald
zu der Anſicht kam, daß Jeder auch ſtatt des Weins
in Natura, den Werth deſſelben in Geld an ſich nehmen
dürfe. Auch für andere Proviantlieferungen konnte
man Geld nehmen (am Ende des 16. Jahrhunderts
z. B. ſtatt eines Lachſes, auf den man Anſpruch hatte,
40 Bremer Grote). In wie hohem Grade man aber

im 16. und 17. Jahrhundert namentlich den Wein
mit dem Gelde auf gleichen Fuß setzte und ihn selber
schon so zu sagen als Geld betrachtete, beweist der
Umstand, daß man damals nicht nur in Bremen,
sondern überhaupt in ganz Deutschland häufig Wein
gab, wo wir jetzt Geld geben. So wurden z. B. die
Geistlichen für Taufen und Trauungen in Wein hono-
rirt. Die Advokaten erhielten Wein von ihren Clienten,
die Gemeinde-Beamten von Denen, die das Bürger-
recht empfingen. Viele Gerichtsgebühren und Kanzlei-
Sporteln wurden in Wein bezahlt. In Lübeck erhielt
der Kanzlist oder Gerichtsschreiber für das Aufdrucken
des Staatssiegels eine Kanne Weins („vor dat Segel
eine Kanne Weyns"). Hie und da soll auch die
Miethe für Häuser und die Pacht für Ländereien in
Wein bezahlt sein.

Da indeß eine Auszahlung des Wein-Quantums
in Gelde der Keller-Verwaltung zuweilen sehr beschwerlich fallen mochte, so wurde diese Gewohnheit, obgleich
sie dem Prinzip nach ganz consequent war, wohl mitunter „als ein Mißbrauch" bezeichnet, und es wurde
mehrere Male vom Senate der Vorschlag gemacht,
daß die Herren gezwungen sein sollten, „sowohl ihre
Ordinarii- als Extraordinarii-Ehrenweine in natura
und nicht in Geldern vom Keller zu nehmen." Doch
scheint man mit diesen Vorschlägen nicht immer durchgedrungen zu sein.

Eine ferner sehr natürliche Consequenz des besagten Princips wäre es wohl gewesen, daß man den
vom Weinkeller gelieferten Wein auch an andere wieder

für Geld hätte verkaufen dürfen. Und zuweilen scheint dies
auch in der That ausdrücklich erlaubt gewesen zu sein.
Dann machte der Rath aber die Bedingung, „daß die
Herren ihren Ehrenwein nicht um geringere Preise
verkaufen sollten, als wofür sie der Keller selber gäbe."
Allein zu Zeiten trat der Rath wieder gegen die ein-
gerissene „Gewohnheit des Handels mit Ehrenweinen"
sehr strenge auf, bezeichnete sie als einen Abusus und
gebot es mehrere Male namentlich im Jahre 1712
„daß kein Herr mit seinen Ehrenweinen handeln solle,
auch nicht ein Mal im Kreise seiner Familie, auch
nicht unter Kindern und Kindeskindern."

Anfänglich erhielten, wie ich sagte, die Herren
ihre Weine an gewissen Feiertagen geliefert. Später
erlaubte man es ihnen, zu größerer Bequemlichkeit je
nach Bedürfniß ihres Haushaltes im Laufe des Jahres
kleinere oder größere Portionen holen zu lassen. Man
erfand dazu die sogenannten „Wein-Zettel" oder
Anweisungen auf diejenige Anzahl von Stübchen oder
Ohmen Weins, zu der jeder „vor seinem Ehrenstande" oder wegen dieses oder jenes Amtes, das
er verwaltete, oder wegen extraordinärer Dienstleistungen
berechtigt war. Auf diese Anweisungen oder Zettel
hin ließ der damit Begabte sich so viel Wein oder
Geld verabreichen, als worauf sie lauteten.

Im Lübecker Keller kamen nach Dr. Wehrmanns Angabe die „Weinzettel" zuerst im Jahre 1646
auf. Und dieselbe Zeit wird daher auch wohl für
Bremen anzunehmen sein. Doch gaben sie zu mancherlei Mißbräuchen Veranlassung. Ein Bremer Bür-

germeister klagt, „daß die Herren sich zuweilen ihren Wein und auch ihr Geld schon im Voraus auf die Weinzettel des folgenden Jahres auszahlen ließen."

Nicht selten entstanden auch zwischen den den Keller verwaltenden Weinherren und den zu Wein Berechtigten Differenzen über die Qualität des zu liefernden Weines. Die Weinherren, die für ihren Keller immer gern sparen wollten, mochten nicht immer geneigt sein, sehr köstliche Weine zu liefern. Der Senat sah sich daher zuweilen wohl z. B. einmal im Jahre 1712, veranlaßt, den Weinherren aufzugeben, „daß sie miltere und unstraffbare Weine liefern sollten." Auch im Jahre 1796 bemerkte ein Bremer Bürgermeister in einer Schrift über den Keller, „daß die Anweisungen (Weinzettel) auf die den Senatoren ratione officiorum competirenden Ehrenwein in alten Zeiten auf die besten Weine ausgestellt gewesen seien. Das sei nun zwar, nachdem die alten Weine so kostbar geworden, abgeschafft. Aber dabei sei es doch nicht die Meinung gewesen, daß die den Herren zu liefernden Weine von den allerschlechtesten Sorten sein sollten."

Wie über diese und andere Wein=Lieferungen im Keller vermittelst der Kerbstöcke Rechnung geführt wurde, habe ist schon oben geschildert.

In anderen Städten wurden die Herren= und Official=Weine schon früher abgeschafft. In Lübeck z. B. schon 1665*). In Bremen dauerten sie bis zur Französischen Zeit.

---

*) Nach Dr. Wehrmann.

Außerordentliche Geschenke von Weinzetteln werden aber sogar noch jetzt häufig vom Bremischen Rathe den Staatsbeamten, Predigern und Doktoren bei ihren Amts= Jubiläen dekretirt. Vom Jahre 1820 bis zum Jahre 1856 wurden noch 23 „fünfzigjährige" und mehrere fünf= undzwanzigjährige Jubilare mit „Weinzetteln" beschenkt. Doch gehören diese Weinzettel der Jubilare eigentlich schon in eine andere Classe von Ehrenweinen, von der ich gleich reden werde, weil sie nicht als „Partes salarii," sondern als bloße Ehrengabe zu betrachten sind. Zuweilen freilich mag dabei auch der Wein, der wie gesagt, sogleich in Geld verwandelt werden kann, einer beabsichtigten Unterstützung nur als ge= fällige Einkleidung dienen. Auch solche kleine Beamten wie z. B. die sogenannten Rathsdiener wurden zu= weilen bei ihren Jubelfesten mit Weingeschenken erfreut. Der Raths=Weinkeller und seine Mittel dienten in dieser Beziehung dem Rathe von Bremen gewissermaßen als ein stets zu seiner Verfügung stehender Fonds um allerlei Dienste auf außergewöhnliche Weise zu belohnen.

X. Von den Ehren-Weinen, die man Fürsten und anderen einflußreichen Personen darreichte.

Die den Fürsten und anderen hohen Personen aus dem Keller übersandten oder überreichten Ihrenweine. — Das Alter dieser Sitte. — Art und Weise der Ueberreichung. — Mehrere Fälle von den verschiedenen berühmten Personen bei ihrer Anwesenheit in Bremen zu Theil gewordenen Traktamenten. —

Republiken und Handelsstädte können keine Ordensbänder bieten. Da sie aber doch eben so gut wie die Monarchieen das Bedürfniß haben, sich auswärts beliebt zu machen, Freunde zu verschaffen oder dankbar zu beweisen, so ist es begreiflich, daß sie auf die Erfindung anderer und etwas soliderer Ehrengeschenke verfielen. Sie nahmen die Gewohnheit an, ihre Landes-Producte oder die köstlichen Waaren, mit denen sie handelten, zu präsentiren, und wir finden schon bei den Republiken des Alterthums Spuren von dieser Gewohnheit.

Auch bei unſern deutſchen Handelsſtädten kam dies bald in Schwung. In verſchiedenen Zeiten und Orten hat man verſchiedene Waaren dazu benutzt. Recht häufig und lange z. B. den Pfeffer und auch andere Gewürze, eine Zeitlang auch den Zucker, ſo lange er noch etwas Seltenes war.

Bremen begann, wie viele Fluß= und Seeſtädte, als ein kleiner Fiſcherort. Vielleicht kommt es daher, daß die Fiſcher=Zunft, die älteſte Aſſociation der Stadt, daſelbſt lange ein ſo großes Anſehen behauptete und daß auch Fiſche, (namentlich der König der Flußfiſche, der Lachs, den die Bremer Fiſcherzunft im Wappen führte) diejenigen Producte waren, welche zuerſt und häufig als Geſchenke dargereicht wurden. Man präſentirte ſie nicht nur den Bürgermeiſtern und Raths= herren der Stadt, ſondern verſandte ſie auch vielfach in die Fremde an befreundete Herren und Fürſten und behielt dieſe Sitte lange bis zum Ende des 18. Jahrhunderts bei. Neben dem Lachs werden auch „Neunaugen" und „Quappen" und ſpäter „neue Hä= ringe" als Delicateſſen genannt, die man zu ſolchen Verſendungen benutzte. Für lange Zeit ſoll einer Tradition zufolge in Bremen die Gewohnheit geherrſcht haben, den erſten im Februar in der Weſer gefangenen Lachs dem Kaiſer von Deutſchland zu überſenden. Ich habe keinen authentiſchen Nachweis über dieſen Punkt finden können.*) Ausgemacht iſt es indeß, daß

---

*) Erwähnt wird dies in einer unter den Keller=Papieren des Bremiſchen Staats=Archivs aufbewahrten Correſpondenz.

wenigstens seit dem Ende des 17. Jahrhunderts fast
regelmäßig jährlich ein Ehrengeschenk von Neunaugen,
Lachs und Häringen an die Räthe des Kaiserlichen
Reichskammergerichts zu Wetzlar gesandt wurde, und
auch allerdings mehrere Male an den Kaiser in Wien
selbst ein geräucherter Lachs.

Eben so gewiß ist es, daß seitdem Preußen sich
emporschwang, ähnliche Fisch=Ehren=Präsente oder so=
genannte „Küchen=Geschenke" jährlich an den König
von Preußen abgingen. Die Macht und der Ruhm
zu dem Preußen durch Friedrich den Großen kam,
scheint zu diesen Preußischen Sendungen, die nun
neben denen an den Kaiser und seine Räthe hergingen,
die erste Veranlassung gegeben zu haben. Wenigstens
konnte ich vor Friedrich dem Großen keine sichere
Spur von einem solchen, dem Preußischen Hofe ge=
machten Geschenke auffinden. Zuerst geschah es im
Jahre 1756. „Des Regis Borussiae Danksagungs=
schreiben an den Senat von Bremen" für diese Fische
ist uns noch auf dem Bremer Rathhause aufbewahrt.
Es ist vom alten Fritz eigenhändig unterzeichnet und
lautet so:

„Ehrenhafte, Hochgelahrte und Liebe! Wie es
mir jedes Mal ein wahres Vergnügen ist, wenn ich
die Versicherungen meiner Propension und besonderen
Wohlwollens gegen Euch und der guten Stadt Brehmen
wiederholen kann, so habe ich auch diejenigen nicht
verabsäumen wollen, da Ihr ohnlängst Eure gegen
mich hegende Attention in Uebersendung einiger dor=
tiger Lachse zu wiederholten Malen marquiret habt,

und Euch deßhalb nicht nur gnädigst danken, sondern hauptsächlich versichern wollen, daß Mir alle Gelegenheiten besonders angenehm sein werden, wenn ich Euch und' der guten Stadt Brehmen wirkliche Merkmahle Meines gegen Euch und dieselbe beständig hegenden Wohlwollens werde geben können.

Potsdam, den 28. April 1756. Friedrich."

Aehnliche vom großen Friedrich unterzeichnete Dankbriefe für Lachse oder Häringe sind noch mehre auf dem Bremer Staats-Archive vorhanden. Einer sogar vom 7. Juli 1786, d. h. 5 Wochen vor seinem Hinscheiden datirt, bei dem er, der damals bereits auf's heftigste an der Wassersucht litt, seinen sonst mit so kühnen Zickzackblitzlinien geschriebenen Namen schon mit sehr verkümmerten, zitternden und zusammen geschrumpften höchst melancholisch aussehenden Zügen mühselig construirte.

Wie an Friedrich d. Gr., so wurde auch später noch gleich nach Ankunft der frischen Häringe entweder von Bremen oder von Hamburg aus, oder wo nun eben die ersten Härings-Büsen eingelaufen waren, ein Paar Tönnchen per Estafette an seine Nachfolger ausgesandt, und an sie in's Kriegslager in Polen, oder in ihre Residenz Potsdam, oder in's Bad von Pyrmont oder wo die Majestäten sich nun eben befanden, addressirt. Erst im Jahre 1799 beschloß der Senat von Bremen diese alten Fisch- und Küchen-Geschenke nach Wien, Berlin und Wetzlar abzustellen. Trotz dem sind sie auch später noch einige Mal vorgekommen.

Fische also, sage ich, sind vielleicht die ältesten in Bremen, wie freilich auch in mehren anderen Städten, üblichen Ehren-Präsente gewesen. Als man aber Wein im städtischen Keller hatte, da kam man sehr bald überall auf die Idee, auch diese Allen so willkommene Gabe zu Ehrengeschenken an Fremde zu benutzen.

„So schwer es sonst hält", sagt ein neuerer Wein-

historiker, „viele Menschen unter einen Hut zu bringen, so findet man doch beim Weine die Ausnahme,
daß wie zu alten Zeiten, so noch heute bei Heiden,
wie bei Christen Alle in sein Lob einstimmen.“
Man kann beinahe sagen, daß nach dem Silber und
Golde fast keine Waare eine so allgemeine Geltung
und Beliebtheit unter den Menschen gefunden habe,
wie der edle Wein. Bei den Griechen und Römern
spendete man ihn als die vornehmste Opfergabe den
Göttern. Und selbst die Chinesen hatten seit uralten
Zeiten, so lange sie noch Weinberge bauten, die Gewohnheit, den Beherrschern des himmlischen Reiches
Weine darzubringen. — Diese Göttergabe, welche von
Homer bis auf Horaz, und von Horaz bis auf Klop-
stock und Schiller die besten Dichter aller Völker be-
sungen und verherrlicht haben, war auch den Mächtigen und Königen willkommen, und der vielgeehrte
Wein hat daher stets etwas mit der Ehre zu thun
gehabt. Ein Ehrentrunk ist überall üblich gewesen
und ein dargereichtes Gläschen Wein darf man in
den meisten Ländern nicht verweigern, ohne gegen den
point d'honneur zu verstoßen.

Auch in der Iliade kommt Ehrenwein (oinos
gerousios — vinum honorarium) vor. Odysseus
erhielt ein Mal ein Ehrengeschenk von 12 Eimern
eines alten Weins, den der Geber so hoch hielt, daß
er ihn sorgfältig vor allen Leuten verbarg und nur
seine Frau und seinen Hausverwalter davon wissen
ließ. Und in späteren Zeiten schleppte der berühmte
Gesandte Ludwig's des heiligen Rubriquis ein kleines

für den Groß-Chan der Mongolen beſtimmtes Ehren-
geſchenk von einigen Flaſchen alten Weines von Nantes
auf ſeiner langen Reiſe durch ganz Europa und Aſien
mit ſich, und fand damit bei dem genannten Mo-
narchen eine ſo günſtige Aufnahme, daß dieſer geneigt
wurde, zur katholiſchen Kirche überzutreten.

Auch bei den ſpäteren Königen von Europa waren
gegenſeitige Geſchenke von Wein eben ſo häufig, als
die von Juwelen oder Pferden edler Raçe.

Die Könige von Ungarn und darnach ihre Nachfolger die Kaiſer von Oeſterreich haben mit dem goldigen Safte ihrer Tokayer Traube ſtets von Zeit zu
Zeit andere Potentaten beſchenkt. Auch Heinrich IV.
von Frankreich überſandte häufig an ſeine Freunde
und Bundesgenoſſen Proben von dem ſeiner Zeit berühmten Wein von Surènes. Man hatte in Frankreich beſonders köſtliche Weine, die bloß unter Königen von Hand zu Hand gehen ſollten, ſogenannte
„Vins Royals.“ Ein ſolcher Königswein war der Cham-
pagner ſelbſt noch im Jahre 1666 zu Ludwig’s
des XIV. Zeit.*) In Deutſchland kann man als
einen Vin Royal den Johannisberger bezeichnen, der
auch faſt nur Potentaten zu Theil geworden iſt. Die
deutſchen Hochmeiſter in Preußen hatten in ihrer Re-
ſidenz Marienburg im 14. und 15. Jahrhunderte einen
ausgezeichneten Keller, mit deſſen Weinen kein Handel
getrieben wurde, da ſie die Hochmeiſter bloß zu Ge-
ſchenken an die Großcomthure des Landes und andere

---

*) Henderson History of Wines. S. 311 und 312.

um ihr Reich verdiente Leute gebrauchten. Und bei
den Räthen der reichen Hanse- und Handelsstädte war
die Sitte, hohen Herren und fremden Gesandten Wein
zum Willkommen anzubieten im Mittelalter eine so
allgemeine Ehrenbezeugung, daß, als der Rath von
Antwerpen sie im Jahre 1520 bei der Anwesenheit
Hanseatischer Abgesandten unterließ, schon daraus auf
seine feindselige Gesinnung, und wie der Erfolg zeigte,
mit Recht geschlossen wurde. Denn bald nachdem
diese Weingabe verweigert war, brach der Krieg los.*)

Auch in Bremen war, wie gesagt, die Sitte
gewiß ziemlich alt. Zuerst bestimmt erwähnt finde ich
sie in einer kurz nach 1500 gemachten Aufzeichnung
im „Rathsdenkelbuche,“ in der sie aber auch schon als
etwas Altes zu figuriren scheint, und wo gesagt wird,
daß man „den den Herrn und Fürsten gereichten Wein,
wenn dieselben hier zu Gaste gebeten würden, aus
dem Gemeinen Gute bezahlen solle.“

Anfänglich mochte indeß die ganze Gabe nur in
einem Ehrentrunke und in Präsentirung einer Weinprobe an Ort und Stelle selber bestehen. Daß
man Weine zu Geschenken in's Ausland versandte,
kam wohl erst später mehr auf, als man schon ältere
und bessere Weine besaß, der Keller berühmter und
auch die Versendung selbst etwas leichter geworden
war. In Lübeck freilich sandte man schon im 14.
Jahrhunderte Weingeschenke zur Stadt hinaus. In

*) Nach Herrn Dr. Wehrmanns oben citirten Geschichte des
Lübecker Weinkellers.

Bremen ist das älteste, in den Keller-Papieren speciell aufgezeichnete Beispiel einer solchen Versendung in's Ausland von 1628, in welchem Jahre der Rath von Bremen an einen Herrn von Mandelslohe, Dom-Dechanten von Verden, „einen Ohm hispanischen Weines und einen frischen Lachs zum Danke dafür schickte, daß derselbe die Bremischen Gesandten, die nach Lübeck zum Hansetage gereist waren, unterwegs bei sich so freundschaftlich aufgenommen und bewirthet habe," worauf der besagte Herr von Mandelsloh sehr zierlich und bescheiden antwortete: „daß er sich eines so ansehnlichen Praesentz gar nicht versehen habe, daß er dasselbe au.... nicht als einen Recompens für die Erfüllung der so einfachen Pflicht der Gastfreundschaft wohl aber weil er vermerket, daß solches aus guter Zuneigung geschehe, annehmen wolle."

Nach diesem Herrn von Mandelsloh, dessen Brief vom Jahre 1628 an der Spitze der über diesen Gegenstand in dem Bremischen Archive aufbewahrten Documente steht, waren dann die Fälle, daß Weingeschenke an einflußreiche Personen versandt wurden, häufiger. Doch muß ich zunächst von der jedenfalls älteren Sitte reden, wonach man die hohen Herren den Wein blos an Ort und Stelle kosten ließ.

Wie es dabei zuging, ist im Allgemeinen nicht leicht zu beschreiben, weil in jedem besonderen Falle je nach Umständen anders verfahren wurde. Doch läßt sich darüber etwa Folgendes sagen:

Vernahm der Rath in Bremen, daß irgend ein König, Fürst oder dessen Gesandter die Stadt besuchen

14

oder passiren würde und ließ der Frembling sich im
Voraus förmlich beim Raths=Präsidenten anmelden.
so wurde ein Syndikus deputirt, um ihn an der
Grenze des Stadtgebiets zu empfangen und in die-
selbe „einzubegleiten." und um ihn ebenso nach
beendigten Aufenthalte wieder bis zur Grenze des
Stadtgebiets „auszubegleiten." Kamen die hohen
Herrschaften, was meistens der Fall war, von Süden
aus dem Reiche, so versah sich der Syndikus alsbald
mit einigen Stübchen guten Rheinweins aus dem
Keller und ritt oder fuhr ihnen, zuweilen noch von
einigen anderen Herren begleitet, bis zum sogenannten
„Kattenthurme" entgegen, um sie mit einem kräftigen
Willkommtrunke zu begrüßen. Da die Reise meistens
über Bremen nach Hamburg oder der Residenzstadt
Oldenburg weiter ging, so geschah die „Ausbegleitung" gewöhnlich entweder bis an das andere Ende
des Dorfes Hastedt, wo dann bei den dortigen drei
Grenzpfählen der Abschiedstrunk „mit Vergnügung und
aller Höflichkeit genossen" das Valet getrunken wurde,"
oder bis an die sogenannte „Varelgrabener Brücke,"
welche die Grenze des Bremer Gebiets auf dem Wege
nach Delmenhorst und Oldenburg bezeichnete, und bei
der eben so oft solche Valets getrunken worden sind.

Darüber, welche anderweitige Ehren dem hohen,
höhern oder höchsten Gaste noch sonst bei der Ein-
und Ausbegleitung zu Theil werden sollten, wurden
detaillirte Raths=Conclusa gefaßt und in denselben
Alles im Voraus genau bestimmt. Hatte der Reisende

ſich beim Präſidenten ni ch t anmelden laſſen, ſo wurde gar keine Notiz von ihm genommen, weil man dies natürlich als ein Zeichen nahm, daß er incognito reiſen wolle.

Beſonders großarig wurden neben den gekrönten Häuptern immer die Legaten des Pabſtes und die Geſandten des deutſchen Kaiſers oder „die Kaiſerlichen Kämmerer" bei ihren Inſpections-Reiſen im Nieder- ſächſiſchen Kreiſe aufgenommen. Ihnen, ſo wie den gekrönten Häuptern ſandte man den Herrn Syndicus wohl in der vierſpännigen und mit Rheinwein reichlich verſehenen Rathskaroſſe entgegen, welchem außerdem noch die ſogenannten „Einſpänniger" *) des Raths in rother Uniform und mit gezogenem Säbel vorauffritten. Bei ihrer Einbegleitung mußte ein Offizier am Bunten- Thore das Spiel rühren laſſen. Auch wurde, wenn ſie dies Thor paſſirt hatten, vom St. Marien Kirchthurme „mit Trompetten und Zinken geblaſen" und „mit Löſung der Stücke verfahren," wobei dann auch zwiſchendurch „die Heerpauken ſich wacker hören ließen." Die Anzahl der abgeſchoſſenen Ka- nonen wurde dabei verſchiedentlich beſtimmt. Des- gleichen die Anzahl der vor dem Abſteige-Quartier der

---

*) „Einſpänniger" oder „Einſpanner" oder auch „Spanner" hießen gewiſſe bei den Stadt-Räthen und auch bei Fürſten in alten Zeiten üblichen Diener daher, weil ſie zunächſt das Amt hatten, die hohen Herren auf der Jagd zu begleiten und ihnen die Büchſen zu „ſpannen" oder in Bereitſchaft zu halten. S. Bremiſch-Nieder- ſächſiſches Wörterbuch Art. „Spanner."

hohen Person aufzustellenden Ehrenwachen. Zuweilen war es nur ein einzelner Posten, zuweilen ein „Unteroffizier mit sechs Grenadieren."

Daß bei der zu veranstaltenden Mahlzeit der Rheinwein willig floß, und auch im Weinkeller selber, wohin man die hohen Gäste in das dort eingerichtete Rathszimmer oder das sogenannte „Priölken" zu führen pflegte, nicht gespart wurde, versteht sich von selbst. Da den Bewirtheten der Bremer Rheinwein gewöhnlich nicht schlecht mundete, so ließ man es dabei nicht bewenden, sondern schickte ihnen altem Herkommen gemäß noch ein Ehrengeschenk entweder Wein in natura oder eine Anweisung auf eine gewisse Quantität Weins, einen sogenannten „Wein-Zettel" ins Gasthaus.

Gewöhnlich überbrachte diesen Weinzettel der „Raths-" oder sogenannte „Silberdiener". Bei besonders vornehmen Personen mußte ihn der Sekretärius des Raths selber mit einer kleinen Anrede präsentiren. Der Beschenkte konnte sich dann auf den Zettel den Wein aus dem Keller holen lassen, und darüber nach Gutdünken verfügen.

Außer dem Weine wurden ihnen wohl auch noch sonst reichliche Geschenke von Eßbarkeiten ins Haus geschickt. So bekam der „Römische Legat und Kardinal, Herr Raymundus," als er im Jahre 1503 in Bremen erschien und daselbst sehr hoch aufgenommen wurde, nach einer Aufzeichnung im Rathsdenkelbuche folgende Dinge ins Haus gesandt: einen Ame Rynschen Wyn (eine Ohm Rheinwein), 4 Stöverken Clareten edder Lutterdrang (vier Stübchen Claret

oder Lautertrank), ein Vat Emker Bers (ein Faß
Eimbecker Bier), — 6 Vat Bremer Bers, — einen
steer (einen Stör), und 3 grone Lasse (drei
frische Lachse). Aehnliche Wein- und Küchen-Geschenke
machte die Stadt Bremen auch den Erzbischöfen, so
z. B. im Jahre 1512 dem Erzbischof Christoph bei
der Huldigung. Ihm schickte der Rath aus dem Keller
„eine am vernewyns unde eine am nyges mustes"
(eine Ohm alten Wein und eine Ohm neuen Most."

Mit den Gesandten des Kaisers, wenn sie den
Niedersächsischen Kreis bereisten, machte man in Bremen, wie auch in anderen Reichsstädten immer ganz besonders viele Umstände. In Hamburg bewillkommneten die
Rathsherren einen solchen kaiserlichen Gesandten schon
vor den Thüren des Rathsaales, während sie andere
Gesandte erst in den Thüren oder hinter den Thüren im
Saale selbst empfingen. In Bremen bekamen die kaiserlichen Gesandten immer „vom besten Rosewein." Dazu
auch Geld, zuweilen 500 Dukaten und mehr, die ihnen in
einem seidenen Sack, „welchen man vor ihren Augen in
einen silbernen Becher fallen ließ, daß es klang," überreicht wurden.*) Zuweilen leitete man auch wohl aus
dem Keller Röhren durch die Fenster des Rathhauses,
hing einen doppelten Adler daran und ließ aus dem
einen Schnabel dieses Adlers rothen, aus dem andern

---

*) Ich mag hierbei nebenher bemerken, daß damals auch in
anderen Ländern Geldgeschenke an hohe Personen z. B. an die
Königin Elisabeth in England ganz auf dieselbe Weise überreicht
wurden.

weißen Wein fließen. Dies geschah z. B. ein Mal im Jahre 1676 bei der Anwesenheit des kaiserlichen Abgesandten des Fürsten Windisch=Grätz in Bremen.

Trotz der vielen Ehre, die man ihnen anthat, scheinen jene vornehmen Herren mitunter doch noch unzufrieden und überhaupt besonders anspruchsvoll gewesen zu sein. Es entstanden zuweilen Differenzen über die „Größe des Geldgeschenks" und über den „Belauf des Wein= zettels".

So war z. B. ein Mal ein kaiserlicher Abgesandter ein Graf Spauer, mit seinem Weinzettel in Bremen durch= aus nicht zufrieden. Dieser Weinzettel, den der Senat für den genannten Grafen ausgestellt hatte, lautete auf ein Paar Dutzend Flaschen Rosewein. Schon der Pandur oder Kammerdiener des Grafen Spauer warf eine spöttische Phrase hin, als der Silberdiener des Raths mit dem Zettel ins Haus kam und sich anmeldete. Der gräfliche Pandur fragte denselben, was er da habe, und als er hörte, es sei ein „Weinzettel", bemerkte er in seinem österreichischen Dialekt, „so an bißl Wein würde dem Grafen goar nit verschlagen. Byll Geld würde ihm weit lieber sein. — Denn Reisen kost't Geld, mein Kind!" rief er dem Silberdiener zu. Auch der Graf Spauer „bezeugte ein deutliches Mißvergnügen über den kleinen Weinzettel", äußerte nebenher, „er hätte auffallend wenig Soldaten vor seine Thür bekommen," und ließ den Rath von Bremen auf Umwegen wissen, daß die Reichsstädte Frankfurt, Cöln und Aachen ihm jede ein ganzes Stückfaß Wein auf seiner Durchreise verehrt hätten, und daß er auch mit Bestimmtheit

erfahren habe, wie man für ihn in Hamburg eben so
viel oder den Werth eines Stück Fasses bereit halte.
Er hätte sich von der reichen Stadt Bremen derselben
Attention versehen. Er bemerke dies," so sagte der Graf,
„aber durchaus nicht seinet, sondern nur seiner Nachfolger im Amte wegen und um dem alten Gebrauche
und Herkommen nichts zu vergeben."

Es scheint, daß der Rath von Bremen nach diesem
Vorfalle mit den Räthen von Hamburg und Lübeck
über den strittigen Punkt eine Korrespondenz gehabt
habe; denn von den besagten Städten finden sich in
den Keller-Papieren bald nachher Briefe vor, in denen ge-
meldet wird, daß es in Hamburg und Lübeck herkömmlich
sei, gekrönten Häuptern 2 Ohm und mehr, und den
kaiserlichen Gesandten des Niedersächsischen Kreises einen
Zettel auf 80 Stübchen Rheinwein zu überreichen. So
steht es in diesen in Bremen aufbewahrten Briefen. Aber
ein Lübecker Dokument vom Jahre 1564 besagt, daß
damals ein König 4 Ohm, eine Königin $2\frac{1}{2}$ Ohm,
ein Kurfürst 12 Stübchen, eine Kurfürstin 6, ein Herzog
8, eine Herzog 4, ein Bischof 4, ein Graf 4, eine
Gräfin 2, ein Abt 2, ein fremder Doktor 1 Stübchen
erhalten hätten. *)

Mit ähnlichen Weingeschenken und mit einem ähnlichen Gepränge wurden im Laufe des 17ten und
18ten Jahrhunderts noch gar viele hohe Herren und
Diplomaten in Bremen empfangen, und da fast jede

---

*) S. Dr. Wehrmann's oben citirte Geschichte des Rathskellers
von Lübeck.

Bewegung oder jedes bedeutende Ereigniß im Reiche doch irgend eine der dabei thätigen Personen nach Bremen führte, so hatten fast alle diese Ereignisse ein Echo in dem Bremischen Rathskeller, und es ist nicht wenig interessant, dem Gange der Weltbegebenheiten von unsern Kellergewölben aus zu lauschen. Ich mag hier aus der großen sich darbietenden Fülle noch einige Beispiele anführen.

In den Jahren 1645 und 1646 floß sehr viel Rheinwein im Keller bei Gelegenheit der berühmten prachtvollen Ambassade des Polenkönigs Wadislaus IV., der durch den Hochgebornen Herrn Christoph Grafen Opalynsky Woywoden zu Posen und viele andere vornehme Herren sein königliches Gespons das Fräulein Maria Louise von Gonzaga und Nevers aus Frankreich abholen ließ. Die Polnischen Gesandten, mit 250 Pferden, passirten zwei Mal die Stadt Bremen, ein Mal auf dem Hinwege und ein Mal auf der Rückkehr sammt der hohen Prinzessin mit ansehnlichem Pompe. Nicht nur der Syndikus, sondern mit ihm auch zwo Herren vom Rathe selbst fuhren ihnen in Kutschen zum Willkommen entgegen, voran die rothen „Einspänniger," die nie fehlen durften, und mit ihnen vergesellschaftet einige vornehme junge Bürgerssöhne, und „gratulirten und beneventirten die hohen Herrschaften beim Kattenthurm". Zu beiden Seiten der Straßen, sowohl in den Vorstädten, als in der Stadt standen die Compagnieen der Bürgerschaft und der Soldatesqua in den Waffen und mit fliegenden Fahnen bis an das Losament, das die hohen Gäste aufnehmen.

sollte, das Haus nämlich des Bremischen Rathsherrn Mei-
mern Schöne. Von allen Compagnien wurde vor diesem
Hause „eine Salve geschossen", sowie auch etliche grobe
Stücke gelöset, „und da von dem Getöne der abfeuern-
den Geschütze viele Fensterscheiben in den Häusern
zersprangen, so mußte die Staatskasse sie hinterdrein bezahlen." Inzwischen aber bliesen vom Thurme die Raths-
Musikanten mit Trompetten und Zinken, „wobei denn
„auch hingegen die mitgebrachten Bläser der Polnischen Herrschaften nicht gefeiert haben." Auch hängten
am Abend die Bürger jeder vor seinem Hause eine bren-
nende Laterne zur Illuminirung aus. Die königliche
Braut, das Fräulein von Gonzaga und Nevers, (die nebenher gesagt nachher lange Königin von Polen und an zwei
Polnische Könige verheirathet gewesen ist) wurde „in
einer sammittenen Sänfte von Maulefeln getragen."
Die Polnischen Excellenzen ritten alle auf stattlichen
Rossen, „und waren mit allerhand, theils mit Luchsen,
Zobeln und Martern unterfutterten prächtigen Röcken
und Talaren, mit Atlas und anderen seidenen, auch
silbernen und guldenen Stucken von allerhand Farben
und Figuren herrlich wohl ausgestaffiret. Ihre Pferde
waren mit glänzenden Teppichen, Silbernen verguldeten
Stiegreifen (Steigbügeln) und Zügeln geziert, die Sattel
auch mit Turquoisen, Rubinen und anderen Steinen
eingelegt." Die ganze Ambassade und Suite wurde
von einem Edlen Rathe mit allerhand Weinen und
Fischen reichlich beehrt. Bei ihrer ersten Anwesenheit
wurden die Polnischen Excellenzen 4 Tage lang
unterhalten und tractirt, auch in die Kirchen der

Stadt, in das Rathhaus und den Weinkeller geführt,
welches Alles ihnen dann dermaßen gefallen, „daß
sie sich ganz fröhlich und leutselig und zugleich mag-
„nifik bezeuget," und am darauf folgenden Freitage
in der Frühe einen hochedlen Rath durch etliche Deputirte in curia Dank sagen und denselben zur Tafel
einladen lassen, „worauf sie mit hochansehnlichem
„Pompe, comitatu und Zierrath wiederum aufge-
„brochen, da sie mit Trompeten-Schall vom Thurme,
„Aufgeboth der Bürgerschaft und Soldatesqua auch
„verschiedenen Ehren-Salven aus kleinen und groben
„Geschützen und sonst beehrt, und alsdann von des
„Raths Deputirten bis zum Barrelgraben ausbegleitet
„worden."

Im Jahre 1654 wurde im Bremer Keller zum
ersten Male einem Russischen Zaren ein Hoch gebracht.
Es waren Moskowitische Herren, Abgesandte des Zaren
Alexei Michailowitsch mit einem Gefolge von 60 Per-
sonen zur Stadt gekommen, um an den schönen Wein-
Quellen Bremens zu schöpfen. Man trank sowohl
ihren Willkomm, als ihren Valet in Rheinischen und
Hispanischen Weinen, und traktirte sie dabei, — für
diese Gäste aus dem Norden sehr passend — mit frischen
Kirschen, Erdbeeren, und sonstigen jungen Gemüsen.

Ob auch später der berühmte Muscovitische Zar
Peter d. Gr. selber in Bremen gewesen und auch in
den dortigen Weinkeller hinabgestiegen sei, und daselbst
einen Ehrentrunk bekommen habe, scheint mir zwar
nicht völlig gewiß, aber doch immerhin nach den darüber vorhandenen Nachrichten nicht ganz unwahr-

scheinlich. Dieser große Monarch machte nämlich im Jahre 1697 incognito als Mitglied einer Russischen Gesandschaft seine berühmte Reise durch Norddeutschland nach Saardam in Holland, wo er sich unter dem Namen Peter Michailow als Schiffszimmermann für einige Zeit niederließ. Im November desselben Jahres nun kam, wie in der Bremischen Chronik von Peter Koster erzählt wird, ein Muskowitischer Knese oder Bojar incognito nach Bremen. Niemand kannte ihn. Aber Viele hielten ihn für den großen Caesar selbst, und obwohl der Schiffer Johann Martens, der behauptete, Seine Zarische Majestät vor etlichen Jahren in Archangel gesehen und an Bord seines Schiffes tractirt zu haben, nicht zugeben wollte, daß jener Fremde der Kaiser selber sei, so erwies man ihm doch viele Ehre, zeigte ihm Alles, was in der Stadt Rares war und führte ihn auch in den Weinkeller, worauf er am 21. November frühe vor Tage in aller Stille, ohne daß Jemand erfahren hatte, wer er war, unerkannt wieder von hinnen zog.*)

In den Keller-Papieren aus dem Jahre 1681 steht wiederum auf dem Conto einer hohen Dame ein Debet von 32 Quart Rheinwein. Es war die Königin

---

*) Später im Jahre 1716 ist Peter d. Gr. allerdings ganz gewiß, und zwar nicht incognito, sondern als Kaiser in Bremen gewesen. Doch ist es eben so gewiß, daß er bei dieser Gelegenheit den Keller gar nicht besuchte. Er schlief damals nur eine kurze Nacht in der Stadt, die er am andern Morgen in aller Frühe wieder verließ, weil er sich von den in der Nähe lauernden und ihm feindlichen Schweden Uebles versah.

von Dänemark, Charlotte Amalie, geborene Landgräfin von Hessen-Cassel, die in Begleitung mehrerer Prinzen von Münden auf der Weser herabkam, und am 21. Juli des besagten Jahres mit einer Flotte von 11 Schiffen die Stadt passirte. Ihrer Majestät zu Ehren wurden 2 Mal 35 Stücke von den Wällen losgebrannt. 12 Compagnien Bürgerwehr standen an der sogenannten Schlachte in armis, und die große Weserbrücke war mit der Stadtmiliz garnirt, so wie auch Cavalleristen am Weserufer unterhalb der Stadt aufgeritten waren. Alle diese Soldaten gaben, als die Königin vorbeischiffte, „treffliche Salven," und obgleich dies Alles einer so milden, sanften nnd frommen Frau, wie es jene Charlotte Amalie war, als etwas allzuviel kriegerischen Lärm erscheinen mochte, so soll sie doch den schießenden Bürgern sehr freundlich und beifällig aus ihrem Schiffe zugewinkt haben. Syndikus Dr. Wachmann, der sie aus- und einbegleitete, verschlürfte dabei mit einigen andern Herren und Cavalieren die oben genannten 32 Quart Rheinweins aus dem Keller.

Sehr viel Pulver und Wein wurde in der letzten Hälfte des 17ten Jahrhunderts auch verpufft, wenn ein Mal ein Gesandter oder General von Schweden, damals einer für Bremen so wichtigen Macht, erschien. Dem Schwedischen Grafen Bonde z. B. sandte man ums Jahr 1690 2 Syndici entgegen, gab ihm 6 Grenadiere vors Haus, und beschloß, ihn mit dem besten Wein zu beehren. Auch der Schwedische Feldmarschall, Graf von Wrangel, hatte im Jahre 1666 zur Besiegelung des in der Bremischen Geschichte berühmten

Friedens von Habenhausen mehre Fässer Hispanischen, Französischen und Rhein-Weins, nebst gedorrten Lachs in sein Feldlager hinausgeschickt erhalten. Auch ein Englischer Gesandter Wilhelms III. wurde im Jahre 1696 im Weinkeller traktirt, welcher gekommen war, um sich für das Gratulationsschreiben, das der Senat wegen der glücklich entdeckten und abgewandten Conspiration gegen das Leben dieses Königs geschrieben hatte, zu bedanken und mit den Rathsherren auf das Wohl Wilhelms III. zu trinken, und vermuthlich Ludwig dem Vierzehnten zugleich ein (wenn auch nur stilles) Pereat zu bringen.

Auch der berühmte Friede von Ryswick, der gegen das Ende des 17ten Jahrhunderts die Ruhe in Europa für einige Zeit wieder herstellte, wurde bald darauf im Keller von Bremen gefeiert. Denn kurz nach diesem glücklich bewirkten Friedens-Abschluß „beehrte (unter manchen anderen Personen) auch der von Schloß Ryswick heimkehrende Königlich Dänische Gesandte und Staatsminister Excellenz Freiherr von Plessen die Stadt und den Weinkeller mit seiner hochansehnlichen Gegenwart, nahm daselbst die ihm vom Senate dem alten städtischen Gebrauche nach unterdienstlich präsentirten wenigen Flaschen Rheinweins gütlich an sich, kostete sie, beurtheilte sie von guter Art, und äußerte den Wunsch, er möchte wohl ein oder ander Fäßlein davon haben, um auch Königliche Majestät von Dänemark und Norwegen, den damals regierenden Christian V., davon kosten zu lassen." Excellenz Plessen hatte zwar, wie er nachher versicherte, die Intention gehabt, dieses Fäßlein zu bezahlen. Hierauf nahm aber der freigebige Rath von Bremen keine Rücksicht, „erkühnte sich vielmehr, um Excellenz seine Hochachtung und Willfährigkeit an den Tag zu legen eine ganze Zulast Rheinweins (beinahe 5 Oxhoft) durch Schiffer Bielefeldt nach Copenhagen als ein Praesentz für den hohen Herrn abgehen zu lassen, und selbiges an ihn unterdienstlich zu consigniren," indem er dabei zugleich in einem höchst verbindlichen Schreiben „Seine Excellenz und Dero ganze illustre Familie zu allerwünschtem Wohlsein und Aufnahme dem starken Gnadenschuße Gottes, die Stadt Bremen aber Se. Excellenz beharr-lichen hohen Gewogenheit anempfahl", wobei man freilich sich erinnern muß, daß die Dänischen Dominien damals dicht vor den Thoren von Bremen an der Oldenburgischen Gränze anfingen, und ferner auch, daß König Christian V., ein großer Lebemann, von Leibes-Constitution sehr stark war und wohl eine Weinprobe von 5 Oxhoft zu behandeln verstand, — so wie auch, daß Herr von Plessen damals in Kopenhagen fast allmächtig war. Der hohe Minister erman-gelte nicht, in einem eben so artigen Schreiben „seine freudige Ueberraschung über ein so ansehnliches Prae-sentz und zugleich den Wunsch auszusprechen, daß es ihm möglich werden möge, hinwiederum der Stadt Bremen insgemein und auch jedem Membro Senatus insonderheit angenehme Gefälligkeiten zu erweisen."

Natürlich erhielt seiner Zeit auch der alte Friße, als er seine Kanonen und Trommeln so mächtig in

Europa rühren ließ, eben so gut, wie nach Dem,
was ich oben sagte, Lachs und Häringe, auch recht
erkleckliche Weingeschenke aus dem Bremischen Keller
zugesandt. Namentlich ein Mal als Labetrunk 4 Kisten
besten alten Rheinweins gerade zu einer Zeit, wo er
solche Stärkung besonders gut brauchen konnte, nämlich
im Juni 1756, als er sich eben zur Eröffnung jenes
Krieges anschickte, der 7 Jahre lang dauern sollte.
Friedrich's Kammerherr, Herr von Fredersdorf, der
darüber meldete, daß er das Schreiben Amplissimi
Senatus und das begleitende Praesent dem Könige
eingehändigt habe, bemerkte in seinem Briefe zugleich,
„daß königliche Majestät solches mit a l l e n Merkmalen
„einer ganz besonderen Zufriedenheit aufgenommen
„habe." Ja Friedrich d. Gr. fand sogar noch mitten
in den Zurüstungen zu seinem Einbruche in Sachsen
und Oesterreich Zeit, wieder selbst an den Senat von
Bremen zu schreiben, und ihn wissen zu lassen: „wie
„Er seinen Brief mit Vergnügen erhalten, so wie auch
„ihm kund zu thun, daß, da Er darin die bündigsten
„Beweise von der Stadt Bremen gegen Ihn hegenden
„guten und devoten Gesinnung gefunden, Er nicht Um-
„gang nehme, dem Rathe hierdurch zu erkennen zu
„geben, daß Ihm solche zu ganz besonderem Conten-
„tement gereiche. Und wie Ihm das beigefügte Present
„von altem Rheinwein recht sehr angenehm gewesen
„sei, also danke Er dem Rathe nicht allein dafür,
„sondern ertheile ihm zugleich auch die Versicherung,
„daß Er der Stadt Bremen bei aller Gelegenheit Mar-

„quen von seiner Huld und Gnade geben und in der
„That zeigen werde, daß Er sei ihr sehr affektionirter
Friedrich.“

Dieß Schreiben ist vom 21. Juni 1756 datirt.
8 Wochen später den 24. August brach Friedrich in
Sachsen ein. Und es ist demnach höchst wahrscheinlich,
daß der große König damals den Bremischen Raths-
keller-Rheinwein noch in seinem Fourgon gehabt hat, und
daß er, aus der Bremer Rose gestärkt, auf die Schlacht-
felder von Lowositz und Prag gerückt ist.

Unter den über die Fürsten- und Ehren-Weine
aufbewahrten Correspondenzen kommen die eigenhän-
digen Briefe und Autographen auch noch mancher
anderer berühmter Männer vor. Ohne Zweifel wäre
eine fernere Revue dieser Corresspondenzen, der dabei
gewechselten zierlichen Bekomplimentirungsschreiben des
Bremer Senats und der höchst verbindlich gedrechselten Dankbriefe der Beschenkten, und alles dessen,
was dabei sonst noch angedeutet wird und vorgefallen ist,
vielfach (sogar auch politisch) interessant und für die
betreffenden Zeiten charakteristisch. Man könnte dabei
zeigen, wie die Rhein-Weine von Bremen allmählig
ihre Wege, eben so wie nach Kopenhagen und Potsdam,
auch nach London und sogar nach Spanien und Con-
stantinopel fanden, um da irgend einen Freund der
Republik in seinen guten Gesinnungen für die Stadt
zu stärken. Namentlich wäre es auch sehr hübsch, die
Sitten und Gebräuche näher zu schildern, welche bei
den Erzbischöflichen Räthen, den Ständen des Erzstifts
Bremen, der Ritterschaft, und den Herren von Stade

und Buxtehude ordinarie überreichten Wein-Geschenken, herkömmlich waren, — so wie dann auch die verschiedenen Fälle, bei denen die Schwesterstädte Bremen, Hamburg und Lübeck für ihre verdienten Bürgermeister, wenn sie ihre Amts-Jubilaeen feierten, Weingaben unter sich austauschten, näher zu beleuchten, insbesondere aber auch die Wohlthaten, die Ehren- und Labetränke zu bezeichnen, welche sonstigen alten Jubilar-Greisen oder auch armen Patienten von Verdienst aus dem Bremischen Keller freigebig gespendet wurden.

Allein ich fürchte, daß ich mich hier mit den gegebenen Hinweisungen über diesen Punkt begnügen muß. Zum Schlusse dieses Capitels will ich nur noch bemerken, daß endlich im Anfange des 19ten Jahrhunderts äußerst unwillkommene und sehr unbescheidene Weinliebhaber, die auch bei weitem nicht so dankbar und so artig waren, wie jener Herr von Mandelslohe oder Excellenz Plessen oder Friedrich d. Gr., ins Land kamen, nämlich die Generäle und Marschälle des Welteroberers Napoleon, auf dessen Befehl in dem Anno 1803 mit England ausbrechenden Kriege der Herzog von Treviso, (Mortier) das benachbarte Königreich Hannover besetzte.

Der Schrecken über diesen Einbruch der Gallier fuhr auch den alten Deutschen Weinen im Rathskeller zu Bremen in die Glieder und sie machten sich aus ihren großen, geschmückten Fässern reichlich hinaus aus der Stadt, um als Supplicirende die nahenden Feinde mit milden Gesinnungen zu erfüllen. Für den besagten General Mortier wurden schnell 9 Kisten

Weins fertig gemacht, und dieselben ihm nach Hannover entgegengesandt. Sein Nachfolger Bernadotte,
Maréchal de l'Empire und Géneral en chef de
l'armée d'Hannovre erhielt (Juli 1804) 10 Kisten
Französischer, Spanischer und Portugiesischer Weine
hinausgeschickt, und darnach noch ein Mal „deux
caisses de vin de Rhin Vieux," und n o ch ein
Mal „une caisses de vin de Rhin pl u s vieux."
Ja nach einiger Zeit schwärmte es von gierigen und
durstigen Französischen Generalen um die ganze Stadt
herum.

Bald mußte an einen „Géneral de Division
Dessole," bald an den „Géneral d'infanterie Rivaud"
oder an „Monsieur le Baron de Bouckeporr", (?) Hof-
marschall des Königs von Westphalen, ein Geschenk
goldigen Weins im Keller bereitet und zum Thore
hinausgefahren werden. Und dennoch diente dieß alles
nur dazu, die Begierde der Franzosen nach dem Besitze
der Stadt noch zu erhöhen. Im Jahre 1811 wurde die
kleine Republik Bremen selbst dem Französischen Kaiser=
reiche inkorporirt, und nun gingen Napoleon's Marschälle
im Rathskeller nach ihrem Belieben ein und aus, und
die Bremer Straßenbuben bekamen zuweilen Gelegenheit, den Vers zu singen: „le Maréchal de France,
a perdu la balance."

Deßgleichen mußten in den Jahren 1811, 12
und 13 die alten guten Deutschen Weine von der
Forster Kirche und von Rüdesheim und der Apostel
Judas und der Apostel Bartholomäus sich bequemen,
bei den Festins auf der Bremischen Börse, wo man

Jahr aus Jahr ein Napoleons Geburtstag feierte, die Kehle zu höchst widerwärtigen Vivats auf Französische Siege zu stimmen.

Verhehlen läßt es sich bei alle dem jedoch nicht, daß das im Jahre 1814 erfolgende Triumphgeschrei über die Siege bei Leipzig und der bald nachher eintretende Einzug der Russischen Befreier in die Stadt dem Rathskeller noch viel theurer zu stehen kam, als alle den Franzosen seit 1810 dargebrachten Ovationen zusammen genommen.

Ein Bremischer Herr berechnete, daß dieser Befreiungs=Jubel, bei dem man freilich mit Recht viel bereitwilliger als zur Franzosenzeit alle Zapfen laufen und alle Körke springen ließ, bloß an Rheinwein dem Bremer Rathskeller im Laufe eines Jahres (vom 15ten October 1813 bis zum 30ten October 1814) nahe an 10,000 Thaler gekostet habe.

Die Russischen Generäle Woronzow, Winzigerode, Tettenborn, Stroganoff gaben Traktemente, bei denen die alten Rheinweine wie Weserwasser flossen. Auch der Herzog von Cambridge, und der Herzog von Cumberland und der Kronprinz von Schweden bekamen ihre reichlich gefüllten Fäßlein, und eben so wurde dem Englischen Fregatten=Capitain, der vor der Weser erschienen war, etwas Traubensaft auf's Salzwasser hinausgesandt.

„Und doch war bei jener Summe noch gar nicht Mal mit eingerechnet, was wegen Englands Verdienste um den Frieden von Europa erstlich (im Januar 1814) der Lord Wellington aus der Rose

15 *

und aus dem Fasse Apostel Judas empfing, sowie
was eben deßwegen der englische Minister Cockburn
erhielt, dem der Senat eine Probe seiner Rheinweine
zusandte, „weil es ihm bisher noch nicht vergönnt gewesen. Seine Excellenz mit der in ihrer Art einzigen
„Merkwürdigkeit der Stadt, dem den danach schon
„ausgestreckten Klauen der Franzosen glücklich entrisse-
„nen nicht unberühmten Weinkeller und den daselbst
„aufbewahrten Vaterländischen Rheinweinen bekannt
„zu machen."

Eben so waren dabei auch noch nicht die verschiedenen Sendungen eingerechnet, welche in jenem
Jahre nach Wien gingen, um die dort im Congreß
versammelten Diplomaten in freundlicher Weise an
die alte Reichsstadt Bremen zu erinnern.

Diese Französische Unterjochungs- und Befreiungs-
Zeit hat die letzten Anlässe zu bedeutsamen Spendungen
von Ehrenweinen aller Art gegeben.

In neuester Zeit hat man, so scheint es mir
wenigstens nach den darüber vorhandenen Nachrichten,
nicht so viele Gelegenheiten zu Geschenken von Ehrenweinen an Auswärtige gesucht und gefunden. Da
die ganz alten Weine bei dem veränderten Geschmack
nicht mehr so hoch in der Meinung des Publikums
stehen, so haben auch jene Bremer Weinpraesente und
„Wein-Zettel" etwas von ihrem Nimbus und ihrem
Einfluß verloren. Nichts destoweniger ist es schon
merkwürdig genug, daß diese alte Sitte in Bremen
noch immer fort besteht. Die Stadt und ihre Keller

ſind davon vielleicht das einzige Beiſpiel.　In andern
Deutſchen Städten wurden die Wein-Ehrengeſchenke
ſchon viel früher abgeſchafft oder doch bedeutend
eingeſchränkt. So z. B. in Augsburg bereits im
Jahre 1544.*)

---

*) S. hierüber Paul von Stetten Geſchichte von Augsburg,
Frankfurt und Leipzig 1742.　S. 376.

XI. Etwas über die Weinpreise im Bremer Rathskeller zu verschiedenen Zeiten.

Schwierigkeiten der Bestimmung der Preise. — Aelteste Wein-Preise im 14ten und 15ten Jahrhundert. — Berechnungen über den wirklichen Werth der Weine im Bremer Keller.

Es wäre gewiß nicht wenig interessant, wenn wir eine einigermaßen authentische Geschichte der in Bremen und namentlich im Bremer Rathskeller im Laufe der Zeiten geltenden Preise der Weine geben könnten. Daran ist aber leider nicht zu denken. In den ältesten Zeiten finden wir über diesen Punkt nur einige wenige verstreute Notizen. Die alten Rechnungsbücher des Kellers (bis zum 17ten Jahrhundert) sind uns verloren gegangen. Und selbst die späteren, welche uns erhalten sind, geben nicht immer genau die verkaufte Sorte mit denselben Bezeichnungen an, so daß daher oft alle Anhaltspunkte zum Vergleiche mit den jetzt geltenden Namen der Weine fehlen. Auch galten natürlich für den Detailhandel andere Preise als für den Verkauf en gros, für die Stadt andere, als für das Ausland.

In ganz alten Zeiten hört man immer, wie geſagt, nur von „beſſern“ und „geringern“ Weinen. Man ſcheint bei Beſtimmung des Preiſes die Qualität, die Gattungen und das Alter wenig berückſichtigt zu haben. Daß bei den Preis-Couranten die Weine auch nach Jahr-gängen claſſificirt wurden, geſchah erſt ſehr ſpät (erſt etwa ſeit 1650).*)

Endlich hätte man noch, um zu einer richtigen Vorſtellung über die Weinpreiſe zu gelangen, den Nennwerth der Münzen und den innern Werth des Silbers und Goldes in den verſchiedenen Zeitläuften zu berückſichtigen, und zu dieſem Zwecke die Weinpreiſe mit den Preiſen des Tagelohns, des Brodes und an-derer Dinge zu vergleichen.

Ich verzichte hier auf den ſchwierigen Verſuch zu dieſen umſtändlichen Unterſuchungen und beſchränke mich auf die Mittheilung einiger aus den Keller-Pa-pieren und anderen Aufzeichnungen geſchöpften Notizen über dieſen Gegenſtand, die ich, ſo viel als möglich, chronologiſch ordnen will.

Die älteſten Aufzeichnungen dieſer Art ſind wohl diejenigen, welche in den im Bremiſchen Staats-Archive aufbewahrten Rechnungen über den Bau des Wein-kellers und Rathhauſes (von 1405 bis 1407) enthalten ſind. Da wird geſagt, daß die Bauherren ein Mal bei Gelegenheit eines Ankaufs von Baumaterialien, um den Kauf mit einem Glaſe Wein feſt zu machen,

---

*) Auch in Lübeck erſt ſeit 1647. Nach Dr. Wehrmann l. c. S. 100.

drei Grote für drei Quart Weins (III grote vor
III quarter wines, do wy den koop makeden) ver-
ausgabt hätten, und ein anderes Mal vier Grote für
ein Stübchen (I Stöwerken wynes IIII grote). Da
ein Bremer Stübchen 4 Quart enthält, so kämen
beide Preise überein und da ein Ohm in Bremen
45 Stübchen enthielt, so konnte man demnach damals
die Ohm Wein zu 45 Grote und das Quart (etwa
eine Flasche) zu einem Groten kaufen. Was für
Wein es gewesen ist, wird freilich nicht bemerkt. Vielleicht eine mittelmäßige Sorte. Doch kostete nach derselben Quelle auch ein „besserer" Rheinischer Wein
nur 9 Pfenninge die Quart.*)

Bemerkenswerth ist es, nebenbei sei es gesagt,
daß diese Bremer Wein-Preise mit den zu jener Zeit
in England geltenden ziemlich übereinstimmen. Zu
Königs Richard's II Zeiten († 1399) kaufte man in
London die Gallon Spanischen und Rheinischen Weines
gewöhnlich zu 6 Pence und die Gallon Französischen
Weines von Rochelle zu 4 Pence.**) Ein damaliger
Groten in Bremen mochte einem damaligen Penny
in London ziemlich gleich sein, und ein Englisches
Gallon enthielt etwa 4 Quart. Ungefähr zu derselben
Zeit kostete auf dem Kostwitzer Concil (1414—1418)

---

*) Wenigstens behauptet Senator Deneken in seiner „Geschichte
des Rathhauses" S. 7 diese Angabe in den besagten Rechnungen
gefunden zu haben.

**) S. Henderson History of Ancient ad Modern Wines.
S. 283.

die Quart Rheinwein 20 Pfennige, Elsasser Wein 4 bis 6 Pfennige und Malvasier 3 Schilling. *)

In einem von mir schon früher citirten Bremer Statute vom Jahre 1433 wird gesagt, daß die Privat-weinhändler die Französischen und anderen fremden Weine, zu deren Verzapfung sie berechtigt waren, nicht höher als „zu vier Schwaren den Quart" ver-kaufen sollten. Nur Malvasier und Romanischen (Spa-nischen) Wein, so wird hinzugesetzt, dürften sie höher verkaufen, der Preis wird jedoch nicht bestimmt. **) Da bekanntlich 5 Bremer "Schware" auf einen Groten gehen, so sieht man hieraus, daß zu Anfang des 15ten Jahrhunderts die Preise der Rheinweine im Keller und die der ausländischen Weine außer dem Keller ziemlich gleich, diese jedoch etwas billiger waren.

Diese Preise, nominell die niedrigsten, die wir kennen, scheinen für etwa 100 Jahre ziemlich stationär geblieben zu sein. Denn noch im Jahre 1547 sagt Martin Hemelinck, der damalige Pächter des Raths-kellers, in einer an den Senat gerichteten Schrift, „daß die Privathändler den Poitou (Französischen) „Wein eigentlich nach Laut des Buchs (der Statuten) „nicht höher als zu 4 Schwaren verzapfen dürften,

---

*) Aschbach Kaiser Sigismund Beil. XXXII. p. 459.

**) Siehe dieses Statut bei Oelrichs l. c. S. 478. Das Statut heißt: Nen borger schal vele lopen laten wyne binnen bremen sunder korte wyne, de mach he upfteken de quarten to ver swaren unde hogher nicht, uthgesproken maluiesie unde romenye."

„daß sie ihn aber jetzt gegen diese Bestimmung zu
„7 Schwaren verzapften."*) Es scheint also in hundert
Jahren kaum eine Verdoppelung des Marktpreises des
Weines eingetreten zu sein.

Man würde aber irren, wenn man die Weine
nach diesen alten Preisen für sehr billig nehmen wollte,
so daß jeder sich dieselben leicht hätte verschaffen kön=
nen. Unmöglich konnte der Rheinwein zu einer Zeit,
wo noch so wenig Wein am Rhein producirt wurde,
und wo der Transport von daher so schwierig und
kostspielig war, in Bremen billiger sein, als jetzt.
Das Geld war aber viel theurer und daher kamen
die anscheinend niedrigen Preise. Daß sie eigentlich
hoch waren, würde wohl deutlich aus einer Vergleichung
mit den damaligen Brodpreisen hervorgehen. In der=
selben Quelle, aus welcher ich die Weinpreise für das
Jahr 1407 schöpfte, in den Rechnungen für den Bau
des Weinkellers und Rathhauses findet sich auch be=
merkt, daß man einigen Knechten, die Steine ge=
fahren hatten „einen Groten zum Vertrinken" gab.
(„Item gheven wy Hansens Knechten einen groten
tho vordrynken"). Schwerlich würden sich jetzt ein
Paar Knechte für harte Arbeit mit einem Trink=
gelde von dem Werthe einer Quart gewöhnlichen

---

*) Die hierher gehörenden Worte in der Schrift Hemelings
(Staats-Archiv Ss. 26. W. 16, 14) lauten: „dat de poithou
nicht hoger dann tho ver swaren nha vormoghe des bocks
scholde getappet werden" und „de poithou is tho söven
swaren getappet."

Weins begnügen. Schon daraus sieht man, daß im
Jahre 1407 ein Groten für die Quart ein hoher
Weinpreis war.

Am Ende des 16ten und im Anfange des 17ten
Jahrhunderts gingen die nominellen Weinpreise viel
rascher in die Höhe, als vorher, weil in Folge der
Entdeckung Amerika's und anderer Umstände der Werth
des edlen Metalles so bedeutend fiel.

Da der Rath von Bremen, um die Staats-Ein-
künfte zu vermehren, immer schnell zu solchen Preis-
erhöhungen griff, da aber die Bürger die Rheinweine
nur im Stadtkeller haben konnten, und ihn gern so billig
als möglich trinken wollten, so entstanden über diesen
Punkt zwischen Rath und Bürgerschaft häufig solche
Streitigkeiten, wie noch jetzt in München zwischen den
dortigen Bürgern und Behörden über die Bestimmungen
des Bierpreises. Die Bürger protestirten gewöhnlich
gegen jede vom Rath beliebte oder vorgeschlagene
Wein-Preis-Erhöhung. Aber freilich meistens vergebens, da natürlich auch am Rhein und anderswo die
Weinpreise nominell gestiegen oder die Geld-Werthe
gefallen waren. Die Angelegenheit der Wein-Preise
im Keller war auch deßwegen damals noch so besonders wichtig, weil man den Wein, wie ich sagte,
nicht nur zum Vergnügen und Luxustrank, vielmehr
ihn auch zur Abmachung und Besorgung der Geschäfte
ganz nothwendig brauchte. Und daher kommt es denn
wohl, daß auch unsere alten Chroniken-Schreiber, in

ihren Stadthistorien jede Wein-Preis-Erhöhung im Rathskeller meist sehr gewissenhaft verzeichnen.*)

Im Jahre 1607 kostete (nach Peter Kosters Chronik) die Quart gewöhnlichen Rheinweins im Keller 6 Grote. Der Preis hatte sich also seit 1405 versechsfacht.

Ungefähr dieselben Preise galten zu denselben Zeiten in Lübeck und in Hamburg. Im Hamburger Keller galt im Jahre 1565 das Stübchen 8 Schillinge, das Quart also 2 Schillinge oder etwas mehr als 3 Bremer Grote. Im Jahre 1611 dagegen galt sie 1 Mark 8 Schillinge, das Quart also 6 Schillinge oder etwa 9 Bremer Grote.**)

In Lübeck kaufte der Keller die Ohm Rheinwein im Jahre 1572 im Durchschnitt zu 22½ Mark, oder die Quart ungefähr zu 2 Schillinge, was ziemlich gut mit dem Hamburger Verkaufspreise von 1565 übereinstimmt.***) Die Einkaufspreise dieser (ordinären) Rheinweine stiegen in Lübeck im Jahre 1587 auf 26 Mark, 1601 auf 50 Mark, 1647 auf 100 Mark†).

Im Jahre 1629 wurde der Preis der Quart Rheinwein im Bremer Keller auf 12 Grote, bald darnach auf 14, im Jahre 1651 auf 16 Grote und im Jahre 1676 auf 18 Grote gestellt.††) In der

---

*) Namentlich thut dieß z. B. Peter Koster in seiner Bremer Chronik des 17ten Jahrhunderts, dem ich hier mehre Notizen über die Erhöhung der Wein-Preise entnommen habe.

**) Beneke l. c. S. 349 und 350.

***) Wehrmann l. c. S. 99.

†) Wehrmann l. c. S. 100.

††) Nach Keller-Papieren. Peter Koster giebt für den letzten Preis das Jahr 1690 an.

Mitte des 17ten Jahrhunderts kam dem Keller im Durchschnitt das Ohm Wein „an Ort und Stelle mit allen Unkosten" auf circa 16 Thaler zu stehen und wurde zu 30 Thaler wieder verkauft. Im Jahre 1670 kostete dem Keller durch die Bank ein Ohm Weines 27 Thaler, während man sie im Keller durch die Bank wieder zu 40 Thaler verzapfte.*)

Als Ludwig XIV. im Jahre 1688 die schönen Rheingegenden so schmählich verwüsten ließ, wurden bald darauf die Rheinweine sehr viel theurer und es wurde daher der Preis der Quart im Bremer Keller im Jahre 1695 auf 22 Grote gestellt. Derselbe hatte sich daher seit dem Anfange des Jahrhunderts wie Peter Koster in seiner Chronik klagend bemerkt, beinahe vervierfacht.

Im Lübecker Keller galt das Stübchen Rheinwein im Jahre 1666 3 Mark,**) die Quart also 12 Schillinge oder etwa 18 Bremer Grote, was mit dem Bremer Preise für 1676 übereintrifft. Nach der Verwüstung der Rheingegend durch Ludwig XIV. steigerte auch der Lübecker Rath die Weinpreise. Die Bürger protestirten zwar dagegen, und wollten den Wein noch zu dem alten Preise von 3 Mark das Stübchen haben.***) Allein der Rath erlaubte nichts destoweniger seinem Pächter, „gute" Rheinweine jetzt zu 3 Mark 8 Schillinge und „beste" Rheinweine zu 4 Mark zu

---

*) Nach einer Aufzeichnung der Weinherren aus dem Jahre 1670.
**) S. Wehrmann l. c. S. 104.
***) S. Wehrmann l. c. S. 109.

verkaufen, welche Preise mit den Bremer Preisen für 1695 ziemlich übereinstimmen.

Man hatte indeß im 17ten Jahrhundert im Bremer Rathskeller längst Weine, deren Preis man viel höher anschlug, als den des gewöhnlichen an die Bürger und Gäste verkauften Weines. Ueber die Geschichte der Preise dieser kostbaren Weine läßt sich begreiflicher Weise noch viel weniger sagen als über die der gewöhnlichen Weinsorten. Am Ende des 17ten Jahrhunderts schlug ein Weinherr des Bremer Rathskellers den Werth jedes Ohms des in der Rose befindlichen Weines zu 120 Thalern, d. h. die Quart ungefähr zu $2/3$ Thaler an.

Im Jahre 1712 verkaufte man „für gewöhnlich" im Keller nur zwei Hauptsorten Weines, einen bessern zu 24 Grote die Quart, und einen geringeren zu 18 Grote. Von da an haben sich dann die Preise nicht mehr in dem Maße erhöht, wie im 16ten und 17ten Jahrhunderte, denn es giebt sogar noch jetzt einige geringe Weinsorten, die im Keller zu 24 Grote per Quart verkauft werden.

Im Jahre 1712 wurde im Bremer Rathskeller von den Weinherren zum ersten Mal befohlen, „man solle diverse Preise von Weinen machen und dieselben nach der Bonität einigermaßen reguliren." Wie lange es aber selbst von da an noch dauerte, bis man zu den speziellen Preisbestimmungen und Preis-Couranten kam, die man jetzt im Keller findet, schließe ich aus dem Umstande, daß sogar noch in den Keller-Papieren aus dem Jahre 1820 gesagt wird, „die Weine wären „bisher sehr promiscue nach dafür angesetzten Preisen

"nur einigermaßen nach der Bonität zu 1 $, 2 $
"und 3 $ die Flasche ausgeboten. Von jetzt an
"sollten sie auch nach den Jahrgängen und nach
"den Gewächsen zu verschiedenen Preisen ausgeboten,
"und in den Preis-Couranten genauer abgeschätzt
"werden."

Ganz andere Preise des Weins als die alten im
Keller üblichen und zu Zeiten veränderten Sätze geben
die Berechnungen, die man über denjenigen Werth
gewisser alter Weine im Keller angestellt hat, welcher
herauskömmt, wenn man nicht nur den Einkaufspreis
und das Anlage-Capital, sondern auch die Zinses-
Zinsen dieses Capitals, ferner die für Auffüllung der
Weine ausgegebenen Summen und auch alles was für
die Pflege, Erziehung und Conservirung des Weins
aufgewandt wurde, in Anschlag bringt.

Ein Bremer Rechenmeister, Herr J. F. Riemenschneider, berechnete, indem er bloß die Zinses-Zinsen
und die Füllweine in Anschlag brachte, den Werth
eines im Jahre 1624 zu 60 Thaler angekauften Fasses
Weins von 6 Anker im Jahre 1795 zu 719 Millionen
Thaler. Die Flasche (zu 8 Gläser) wäre nach ihm
etwas über 2½ Millionen Thaler werth gewesen, das
Glas (zu 1000 Tropfen) etwa 340,000 Thaler, und
jeder Tropfen "reichlich" 340 Thaler. Herr Riemenschneider, dessen specificirte Rechnung für jedes Jahr,
seit 1624, vorliegt, rechnete dabei die Zinsen des
Anlage-Capitals zu 5 Procent und die "Lecquage"
ebenfalls zu 5 Procent. Er hätte aber, wie mir es
scheint, noch viel größere Preise herausbringen können,

wenn er auch das Anlage-Capital für das Faß und
die Lagermiethe, und die Besoldung der Beamten und
dergleichen Dinge nebst ihren Zinses-Zinsen in Rechnung gebracht hätte.

Aehnliche Berechnungen, wie dieser alte Bremer
Rechenmeister, hat übrigens schon der noch ältere Plinius über die Preise alter Weine angestellt.*) Plinius
berechnete den Preis eines zu seiner Zeit beinahe zwei-
hundert Jahre alten Weins. Er nahm dabei an, daß
er beim Einkauf 100 nummi (etwas mehr als
1 Louisd'or) die Amphora gekostet habe, und fand,
daß nach den bei den Römern gewöhnlichen Zinsen
seiner Zeit (Anfang der Regierung des Kaisers Cali-
gula) die Unze ein nummus (etwa 4 Bremer Grote)
oder die Quart (Flasche) nicht ganz 3 Thaler gekostet
haben würde. Zinsen von Zinsen berechnete Plinius
noch nicht, und er kam daher nicht zu so ungeheuren
Preisen wie unser Bremer Riemenschneider.

---

*) S. hierüber Henderson History of Ancient ad Modern
Wines. S. 71.

XII. Etwas über Quantität und Werth des Lagers, und das Vermögen des Kellers.

Schwierigkeiten der Bestimmung der Größe und des Werths des Lagers. — Die alten Lager der Keller in Hamburg und Lübeck viel bedeutender. — Geringfügigkeit des Bremer Lagers in alter Zeit. — Zunahme im 17ten und 18ten Jahrhundert. — Keller-Vermögen in Französischen Zeiten. — Dienste, welche das Keller-Vermögen dem Staate geleistet hat. — Vergleiche mit Lübeck und Hamburg. — Beschränkung des Lagers in neuester Zeit.

Die durch ihre Rhein-Wein-Monopole und so manche andere Anordnungen geschützten Rathskeller unserer Städte machten begreiflicher Weise in der Regel sehr gute Geschäfte, und genossen daher durch die Bank eines vortrefflichen Credits. Sie hatten, trotz dem, daß sie viele Weine (die Ehrenweine) ohne Vergütung hergeben mußten, meist alle Jahre einen erklecklichen Ueberschuß, der theils zum Ankauf neuer Weine verwandt, theils verzinslich angelegt wurde. Da sie lange Zeit unter der „privativen" Leitung des Raths ihre eigene ganz separirte Finanz-Verwaltung und Casse hatten, so hätten sich ihre Weinläger und Capitalien mit der Zeit außerordentlich vermehren können.

16

Allein zuweilen trat Noth in den anderen Cassen der
Republik ein, und dann mußte die meist gut gefüllte
Weinkeller-Casse aushelfen. Häufig mußten die „Weinherren" auf Beschluß und Befehl des Senats und der
Bürgerschaft die von ihnen mühsam zusammengesparten
Capitalien heben und für andere Staatszwecke hergeben. So mußten z. B. die Lübecker „Weinherren"
im Laufe des 16ten Jahrhunderts aus der Weinkeller-
Casse ein Mal dem Deutschen Ordensmeister eine
Schuld bezahlen, die der Keller gar nicht contrahirt
hatte, ein ander Mal eine Summe für die Besoldung
von Landsknechten, eine andere Summe für die Aus-
lösung gekaperter Lübeckischer Schiffe hergeben.*) In einigen Städten z. B. in Hamburg und auch wieder in Lübeck
wurde bestimmt, daß der städtische Weinkeller alljährlich
etliche Tausend Mark, etwa die Hälfte seines Gewinnes in
die „Kammer" (allgemeine Staats-Casse) liefern solle,
das Uebrige aber „auflegen" könne. Zuweilen liehen
auch die Keller der Staatscasse eine Summe, verzinslich oder auch zinslos dar, und machten auch wohl
dem Gemeinwesen erhebliche Geschenke.**) So that
z. B. ein Mal in Hamburg gegen Ende des dreißigjährigen Krieges im Jahre 1645, als die Bürgerschaft
sich gegen Ueberrumpelungen bewaffnete und die Wälle
der Stadt im Vertheidigungszustand setzte, und hiebei
eine Menge Privatleute patriotische Opfer darbrachten,
auch der dortige Rathskeller seine milde Hand auf

---

*) S. Wehrmann l. c. S. 101.
**) Beneke l. c. S. 311.

und ließ 18 metallene Kanonen und 4 Mörser gießen, die ihm über 46,000 Mark kosteten. In großer Procession wurden diese Weinkeller-Kanonen auf die Bastionen der Stadt geführt. Jedes der Geschütze trug in erhabenen Lettern folgende eingegossene Inschrift:

„Bachus Saft
„Hat die Kraft,
„Daß er Mars die Waffen schafft." *)

Auch in Bremen hat „Bachus Saft" mehrfach seine Kraft gezeigt und häufig dem Staate die Mittel geschafft zur Deckung von Kosten, die er aus anderen Quellen nicht bestreiten konnte.

Diesem Allem nach wäre es nicht wenig interessant, wenn wir hier eine vollständige Geschichte der Größe des Lagers, des Werthes desselben und überhaupt des ganzen Keller-Vermögens zu den verschiedenen Zeiten geben könnten. Doch fehlen mir dazu für die älteren Zeiten alle Materialien. Erst seit dem Anfange des 17ten Jahrhunderts sind ordentliche Aufnahmen und Abschätzungen des Lagers gemacht und die Dokumente darüber aufbewahrt worden. Aber auch diese vorhandenen Abschätzungen sind im Ganzen wenig werth, weil sonderbarer Weise der Weinwerth dabei nach einem gewissen herkömmlichen Satze bestimmt wurde. Das Ohm Wein wurde nämlich seit alten Zeiten zu einem durchschnittlichen Werthe von 30 Thalern angenommen. Und diesen Satz ließ man noch das ganze 18te Jahrhundert hindurch, ja sogar noch

---

*) Beneke l. c. S. 312.

bis zum Jahre 1820 gelten, obgleich, wie ich oben
zeigte, schon um das Jahr 1700 Weine im Keller
vorhanden waren, deren Werth damals ein Bremischer
Weinherr auf 120 Thaler die Ohm anschlug. Die
in den Keller-Bilancen angegebenen Abschätzungen geben
daher gar nicht den wirklichen Werth des Lagers, und
bleiben fast immer, namentlich im 18ten und 19ten
Jahrhundert, weit unter demselben. Ueber die Ersparn-
isse und angelegten Capitalien des Kellers fehlen
aber zuweilen alle Nachweise. Ich will mich daher
hier auf die Zusammenstellung einiger weniger den
Keller-Papieren und anderen Aufzeichnungen entnom-
menen Notizen über den vorliegenden Gegenstand beschränken.

Während des 14ten, 15ten und 16ten Jahrhunderts ist das Stadtkellerlager in Bremen noch sehr
klein gewesen. Es belief sich vermuthlich nur auf
etwa 200 Ohm Weins. Selbst noch im Jahre 1634
wird in einer den Stadtrechnungen einverleibten Aufnahme der ganze Kellervorrath auf 258 Ohm Rheinischen und einige Ohm Spanischen Weins und Malvasiers angegeben. Zu derselben Zeit waren die städtischen Weinläger in Lübeck und Hamburg schon viel
bedeutender. Der Lübecker besaß in seinem Keller bereits im Jahre 1571 das Dreifache (nämlich 854 Ohm)
und im Jahre 1638 fast das Vierfache, nämlich
1035 Ohm.*)

Im Laufe des 17ten Jahrhunderts vermehrte sich

---

*) Wehrmann l. c. S. 100.

das Bremer Lager nur sehr allmählich. Es belief sich 1666 auf 364 Ohm, die zu einem Werthe von 12,012 Thaler angeschlagen wurden, während „der ganze Credit des Kellers 18,042 Thlr. betrug. Einige hundert Ohm konnte man leicht in einen Winkel des großen Kellergewölbes wegstauen, und wahrscheinlich waren daher die damals daselbst unter der Aufsicht des Staates befindlichen Läger der Privaten weit größer. In Lübeck betrugen diese im Stadtkeller lagernden Vorräthe der Privaten schon im Jahre 1289 nicht weniger als 1100 Ohm,[*] übertrafen dort also bedeutend das Lager, welches der Rath dem Gesagten nach daselbst im Jahre 1571 in seinem Keller hatte.

Man würde übrigens die ganze finanzielle Bedeutung des Bremer Kellers zu gering anschlagen, wenn man sie bloß nach der Größe seines Lagers und seiner angelegten Capitalien bemessen wollte. Das Lager wurde sehr rasch umgesetzt. Man machte dabei ganz andere Profite als bei dem jetzigen Handel, 30 bis 40 Procent. Außerdem flossen alle die von mir oben angegebenen Abgaben des städtischen Weinhandels in den Keller. Und so ist, trotz der Geringfügigkeit des Lagers, — zum Theil in Folge desselben, — das 17te Jahrhundert doch das brillante Jünglingsalter des Kellers gewesen. Aus seinen Geldern konnte damals die Bremer Börse gebaut werden. Auch wurde damals die Grundlage zu dem nachherigen Glanze des Lagers gelegt. Alle die edlen Gewächse, welche den Keller

---

[**] Wehrmann l. c. S. 78.

später so berühmt machten, stammen aus dem 17ten Jahrhunderte und wurden damals im Keller angelegt.

Die Bestimmung, die, wie gesagt, in Lübeck und Hamburg galt, daß regelmäßig eine gewisse Quote des Profites aus dem Keller in die allgemeine Staats-Casse abgeführt werde, ist in Bremen nie zur Geltung gekommen, obgleich im Verlaufe des 17ten Jahrhunderts die Bürger wiederholt, z. B. ein Mal im Jahre 1656 darauf antrugen, „daß der Weinkeller ad „aerarium publicum gebracht werden möchte" und wieder ein Mal im Jahr 1672 „daß man des Wein-„kellers Revenuen in die Rheder-Rechnung fließen „lassen solle." Der Senat von Bremen behielt, wie es scheint, seinen Keller stets in höherem Grade unter seiner „privativen Verwaltung", als die Räthe von Lübeck und Hamburg die ihrigen. Doch finden sich unter den Keller-Papieren des 17ten Jahrhunderts mehrere von dem „Buchhaltenden Rheder" (Haupt-Cassen-Meister) unterschriebene Quittungen, welche beweisen, daß allerdings dann und wann kleine Summen aus der Keller-Casse „ins Gemein-Gut geliefert" wurden.

Gegen Ende des 17ten Jahrhunderts stieg das Lager auf 1000, und in der ersten Hälfte des 18ten Jahrhunderts auf 2000 Ohm. Im Jahre 1763 fand man 2695 Ohm, und ungefähr auf dieser Höhe ist dann das Lager in den nächsten 50 Jahren geblieben. Im Jahre 1802 wurde ein Lager von 3040 Ohm 22 Stübchen gefunden. Dieß scheint das größte Lager gewesen zu sein, welches je im Keller vorhanden war. Im demselben Jahre (1802) „betrug das ganze Capital des Kellers" 270,788 Thaler, wobei indeß der Wein immer nach dem alten Satze nur zu 30 Thaler per Ohm, also weit unter seinem Werthe angeschlagen waren.

Am Ende des 18ten und im Anfange des 19ten Jahrhunderts vor der französischen Zeit scheint überhaupt der Bremer Keller seine größte Energie und Blüthe erreicht zu haben. Er unterstützte damals den Staat und seine Institute mit bedeutenden Summen. Im Jahre 1798 übernahm der Weinkeller in Folge einer Uebereinkunft zwischen Senat und Bürgerschaft 100,000 Thaler der Staatsschulden. Im Jahre 1810 sagt der damalige Syndicus von Gröning in einem Aufsatze hierüber, „obgleich vor einigen Jahren der „Weinkeller 100,000 Thaler für die öffentlichen Schul- „den abgegeben habe, und obwohl er seitdem beson- „ders in den letzten Jahren die öffentlichen Cassen nach und nach bis zur Summe von etwa 150,000 „Vorschüsse gemacht habe, so sei dennoch das Lager „in einem so schönen Stande, daß man schwerlich „irgendwo ein Gleiches antreffen würde." Der Weinkeller Bremens scheint damals mithin fast eben so viel haben leisten zu können, wie der Hamburger, der nach Dr. Beneke auch ungefähr zu derselben Zeit (im Jahre 1799) eine halbe Million Mark Banco von der contributionsmäßigen Anleihe übernahm.

Im Jahre 1818 machte der Kellerhauptmann

Wilhelmi einen Versuch den ganzen Weinvorrath, der damals 2610 Ohm betrug, „nach seinem wahren damaligen Markt-Werthe abzuschätzen und kam dabei auf die Summe von 326,636 Thaler, wobei die älteren Sorten wohl noch etwas höher hätten veranschlagt werden können."

Einem Berichte der Weinkeller-Deputation von 1828 zufolge war „der ganze Bestand des Kellers überhaupt" 323,099 Thaler, wobei aber wieder der alten Gewohnheit gemäß der Weinwerth durchgängig zu 30 Thaler per Ohm angeschlagen wurde.

Seit 1830 wurde so viel Wein ausverkauft, daß im Jahre 1840 das Lager auf 1218 herabgesunken war, auf welchem Standpunkte es sich seitdem, glaube ich, so ziemlich gehalten hat.

Der Hamburger Keller hatte im Jahre 1811, wo die Franzosen seine sämmtlichen Weine verauctionirten, 1380 Oxhoft im Vorrath, und dieselben wurden zu 132,480 Thaler verkauft.*)

Der Lübecker Keller hatte um dieselbe Zeit nur 835½ Oxhoft, die im Jahre 1812 nach Herrn Dr. Wehrmann zu 296,712 Mark (etwas mehr als 100,000 Thaler) in der von den Franzosen veranstalteten Auction verkauft wurden.

Vergleicht man diese Zahlen mit denen um die-

---

*) Nach einer im Bremer Archive vorhandenen Aufzeichnung.

selbe Zeit für den Bremer Keller gegebenen, so scheint
es, daß im Anfange dieses Jahrhunderts das Bremer
Lager die der beiden Schwesterstädte, denen es in alten
Zeiten nachstand, nicht nur erreicht, sondern auch über=
holt hatte. Namentlich aber überflügelte es sie in
Bezug auf das Alter und die Kostbarkeit seiner Weine.
„Der Bremer Wein", so heißt es in einem Aufsatze
aus der Französischen Zeit, „ist ungeschmeichelt 50 Pro=
cent besser als der Hamburger." Und dieß war es
eben auch vermuthlich, was den Keller von Bremen
rettete, während die von Hamburg und Lübeck in den
Französischen Stürmen untergingen. Weil die Bremer
Weine so sehr kostbar waren, und weil man sie doch
natürlich gern zu einem einigermaßen entsprechenden
Preise anbringen wollte, so wurden die Termine zu
der von den Franzosen schon beschlossenen Auction
immer weiter hinausgeschoben. Von Seiten der Com=
müne bat man erst um Aufschub „damit durch wie=
derholte Publication im Moniteur, die Auction in
England, America und Rußland, wo die Bremer
Weine viele Liebhaber hätten, bekannter würden," —
dann trug man wieder auf Verlängerung des Termins
an, „damit erst etwas von den Hamburger und Lü=
becker Weinen verconsumirt werde, und die verschie=
denen Auctionen durch Gleichzeitigkeit sich nicht schaden
und herabdrücken möchten." Dann sollte das ganze
Lager in drei Theile getheilt und in drei Tempos
verkauft werden, und erst im dritten Drittel sollten
die feinen alten Apostel= und Rose Weine unter dem

17

Hammer kommen. Auf diese Weise verging die Zeit und die Leipziger Ereignisse (im Jahre 1813) haben dann den alten Rheinweinen Bremens wieder Aussicht auf ein neues Jahrhundert gegeben, dessen Geschichte man später schreiben wird.

Bremen. Druck von Heinrich Strack.